数字化之路

智慧企业的创新与效能

王小晖◎著

企业管理出版社
ENTERPRISE MANAGEMENT PUBLISHING HOUSE

图书在版编目（CIP）数据

数字化之路：智慧企业的创新与效能 / 王小晖著.
-- 北京：企业管理出版社，2021. 9
ISBN 978-7-5164-2469-8

Ⅰ. ①数… Ⅱ. ①王… Ⅲ. ①数字技术—应用—企业管理 Ⅳ. ① F272.7

中国版本图书馆 CIP 数据核字（2021）第 168432 号

书　　名：	数字化之路：智慧企业的创新与效能
书　　号：	ISBN 978-7-5164-2469-8
作　　者：	王小晖
责任编辑：	赵喜勤
出版发行：	企业管理出版社
经　　销：	新华书店
地　　址：	北京市海淀区紫竹院南路 17 号　　邮编：100048
网　　址：	http：//www.emph.cn　　电子信箱：zhaoxq13@163.com
电　　话：	编辑部（010）68456991　　发行部（010）68414644
印　　刷：	北京亿友数字印刷有限公司
版　　次：	2025 年 8 月第 1 版
印　　次：	2025 年 8 月第 1 次印刷
开　　本：	710mm × 1000mm　1/16
印　　张：	13
字　　数：	150 千字
定　　价：	68.00 元

前　言

“数字经济”这一概念最早由加拿大学者Don Tapscott于1996年在其出版的《数字经济：网络智能时代的机遇与挑战》一书中提出。他认为，在新经济中，知识以数字形式存储，数字形式的信息在设备帮助下可以最快的速度在全球自由流动。有数据显示，我国绝大多数企业已开始实施数字化转型战略，其中一部分企业正在全面推进，一小部分企业仅对部分部门或产品开展数字化转型，另有少量企业计划启动数字化转型。数字经济的兴起成为培育新质生产力的关键引擎，正在深刻地改变着传统经济模式与经济体系。加快数字产业化和产业数字化进程，促进数字经济与实体经济深度融合，是实现我国经济高质量发展的必由之路。因此，数字经济将是继农业经济、工业经济之后的主要经济形态，数字化转型正在驱动新质生产力发展下的生产方式、生活方式和治理方式发生深刻变革。

国家统计局公布的《数字经济及其核心产业统计分类（2021）》将数字经济定义为：“以数据资源作为关键生产要素、以现代信息网络作为重要载体、以信息通信技术的有效使用作为效率提升和经济结构优化的重要推动力的一系列经济活动。”由此可见，数字化转型（Digital

Transformation）是指建立在数字化转换（Digitization）、数字化升级（Digitalization）基础上的，进一步触及公司核心业务，以新建一种企业经营模式为目标的高层次转型，即数字化转型是开发数字化技术及支持能力，以新建富有活力的数字化企业经营模式。当前，大数据分析、人工智能、物联网、区块链、社交媒体、云计算等各种技术的快速发展，正深刻改变着我们的思考方式、学习方式和生产方式，进而也会影响并改变我们的生存方式。

在我国，自2016年杭州G20峰会提出发展数字经济的倡议以来，国家非常重视。2017年政府工作报告提出“促进数字经济加快成长”，数字经济首次出现在政府工作报告中；2020年5月13日，国家发展和改革委员会官网发布“数字化转型伙伴行动”倡议；“十四五”规划中也明确提出“加快数字化发展，发展数字经济”。数字化转型是引领新一轮科技革命和产业革命的重要引擎，也是构建现代化产业体系和实现经济高质量发展的战略选择。政企等机构及众多专家学者纷纷探索数字化转型，希望能够通过数字化转型降低生产成本、提高生产效率、改善用户体验，进而创造具有更高价值的产品或服务。

本书以数字经济发展下的企业数字化转型和如何构建智慧型企业为主线，以华为、腾讯、阿里巴巴、Salesforce等国内外知名企业的数字化转型为主要案例，在深入挖掘企业快速发展秘诀的同时，从企业数字化转型的必然选择、人力资源与财务管理的数字化转型、企业数字化转型发展的动能、企业数字化转型推动产业创新、智慧企业的创立与发展、发展新质生产力对智慧企业的创新要求等方面进行了探讨，以期为企业数字化转型提供有效建议。

天津财经大学金融学院张新娜教授参与了本书的编写工作，本书撰写过程中得到了有关企业领导的支持，本书成稿后又经过多位数字化转型方面的专家审阅，他们也提出了许多宝贵意见，本书还得到了企业管理出版社的指导和出版支持，作者在此一并表示衷心的感谢！

作者

2024 年 11 月

目 录

第一章 企业数字化转型的必然选择…………………… 1
第一节 数字化转型是企业发展的必经之路………… 1
一、企业数字化转型的基本要求 …………………… 2
二、数字经济环境下的企业数字化转型 ………… 6
第二节 企业经营模式的数字化…………………… 8
一、产品数字化创新 ………………………………… 8
二、服务数字化创新 ………………………………11
三、社会化服务创新 ………………………………13
四、数字化经营生态系统 …………………………15
第三节 数字化转型企业案例………………………17
一、海尔集团的数字化转型 ………………………17
二、阿里巴巴的数字化商业生态系统 ……………21
三、腾讯的数字化社交平台 ………………………24
第四节 数字化转型的挑战与对策…………………28
一、数字化转型的挑战 ……………………………28
二、数字化转型的对策 ……………………………31

第二章 人力资源与财务管理的数字化转型………………34
第一节 人力资源管理的数字化转型…………………34

一、人力资源管理数字化转型的意义 ……………34
二、人力资源管理数字化转型的核心
内容与技术 …………………………………35
三、人力资源管理数字化转型的案例 ……………37
四、人力资源管理数字化转型的挑战与对策 ……40
第二节　人力资源管理数字化转型新工具…………43
一、招聘与选拔数字化工具 ………………………43
二、绩效管理数字化工具 …………………………45
三、培训与发展数字化工具 ………………………46
四、员工体验数字化工具 …………………………48
第三节　财务管理的数字化转型……………………49
一、财务共享与 IT 重构…………………………50
二、智能财务与实时会计 …………………………51
三、财务管理数字化转型的挑战与对策 …………52
四、财务管理数字化转型的未来趋势 ……………54
第四节　财务管理的数字化创新升级………………55
一、财务管理数字化带来的创新 …………………55
二、建立数据驱动的决策体系 ……………………56
三、财务风险管理数字化的强化 …………………56
四、数字化财务管理系统的创新优势 ……………57
五、财务管理数字化创新过程中需要
改进的问题 …………………………………57

第三章　企业数字化转型发展的动能……………59
第一节　数字化管理与技术人才的培养……………59
一、数字化时代的社会教育 ………………………59

二、管理人才与技术人才的培养 ······60
第二节 数字化时代的企业社会责任······62
一、在数据安全和隐私保护方面的责任 ······63
二、在提供就业机会和人力资源管理
方面的责任 ······63
三、在创新和社会公益方面的责任 ······63
四、在环保和可持续发展方面的责任 ······64
五、在培养数字素养和道德观念方面的责任 ······64
第三节 数字化企业经营模式······65
一、引言 ······65
二、数字化企业经营模式创新的驱动因素 ······65
三、未来展望 ······68
四、小结 ······69
第四节 数字化转型中的企业文化创新升级······69
一、企业文化创新升级的重要意义 ······70
二、企业文化创新升级在激发员工创造力
方面的作用 ······70
三、企业文化创新升级在提升企业竞争力
方面的实际应用 ······72
四、企业文化创新升级在促进企业长远
发展方面的作用 ······72
五、企业文化创新升级可塑造企业美好未来 ······72
第五节 数字化生态系统的构建案例······73
一、腾讯数字化生态系统的构建 ······74
二、京东数字化生态系统的构建 ······76

第六节　数据服务能力社会化共享……………………77
一、数据服务能力社会化共享的现状 ……………77
二、实现数据服务能力社会化共享的重要性 ……79
三、数据服务能力的社会化共享措施和建议 ……81
四、数据服务能力社会化共享案例 ………………83

第四章　企业数字化转型推动产业创新……………………88
第一节　企业数字化转型对产业发展的影响…………88
一、引言 ……………………………………………88
二、企业数字化转型将推动产业全面
数字化 ……………………………………………88
三、推动服务业在国民经济中所占比重
稳步提升 …………………………………………92
第二节　构建工业互联网………………………………94
一、构建工业互联网的意义 ………………………94
二、构建工业互联网的技术保障 …………………95
三、数字化转型引领企业未来 ……………………97
四、工业互联网的构建案例 ………………………99
第三节　发展数字化产业集群………………………… 102
一、发展数字化产业集群的意义 ……………… 102
二、数字化产业集群发展案例 ………………… 103
三、发展数字化产业集群的策略 ……………… 105
第四节　智能制造产业发展分析……………………… 106
一、引言 ………………………………………… 106
二、制造业数字化转型的核心特征 …………… 107
三、我国制造业数字化转型的难点 …………… 109

四、案例：三一重工的数字化转型 …………… 111

第五章 智慧企业的创立与发展…………………… 114
第一节 数字化转型后的智慧企业………………… 114
一、新时代的企业竞争环境变化 ………… 114
二、智慧企业的特征 ……………………… 117
三、智慧企业案例 ………………………… 119
第二节 智慧企业的运营……………………… 121
一、三维机理模型 ………………………… 121
二、数据驱动决策 ………………………… 123
三、整体人工智能 ………………………… 125
四、新型人机协同 ………………………… 127
第三节 数字技术的应用……………………… 129
一、数字技术架构 ………………………… 129
二、数字技术的一般应用 ………………… 132

第六章 发展新质生产力对智慧企业的创新要求……… 136
第一节 引言………………………………… 136
第二节 智慧企业发展新质生产力的基本要求与技术路径……………………… 141
一、智慧企业发展新质生产力的基本要求 …… 141
二、智慧企业发展新质生产力的技术路径 …… 142
第三节 对智慧企业人力资源提升的要求………… 144
一、加强员工培训 ………………………… 144
二、人才引进与保留 ……………………… 145
三、绩效管理与激励 ……………………… 145

第四节　对智慧企业文化创新的要求…………………… 146
一、创新文化 …………………………………………… 146
二、协作文化 …………………………………………… 146
三、学习文化 …………………………………………… 147
第五节　智慧企业经营案例………………………………… 148
一、西门子：工业 4.0 的领航者 ……………………… 148
二、中石油的智慧企业初步建设 ……………………… 149

第七章　Salesforce 的数字化转型案例…………………… 152
第一节　Salesforce 的数字化起源 ……………………… 153
一、Salesforce 的创立与早期发展 …………………… 153
二、云服务的初步应用 ………………………………… 153
三、早期客户的成功案例 ……………………………… 154
第二节　Salesforce 的云服务生态系统 ………………… 154
一、云平台 ……………………………………………… 154
二、销售云 ……………………………………………… 155
三、服务云 ……………………………………………… 156
四、营销云 ……………………………………………… 157
五、商务云 ……………………………………………… 158
六、分析云 ……………………………………………… 159
第三节　AI 技术的引入与应用 ………………………… 160
一、Einstein AI 平台的推出 ………………………… 160
二、销售预测与机会管理 ……………………………… 161
三、智能客服与自动化服务 …………………………… 162
四、个性化营销与推荐 ………………………………… 163
五、智能商务与个性化购物体验 ……………………… 164

六、数据分析与预测 …………………………… 165
第四节 Salesforce 在不同行业中的应用案例 …… 166
一、金融行业 …………………………………… 166
二、零售行业 …………………………………… 167
三、医疗行业 …………………………………… 168
四、制造业 ……………………………………… 169
第五节 Salesforce 的数字化转型成效 ………… 170
一、提升客户满意度 …………………………… 170
二、提高销售效率 ……………………………… 171
三、优化营销效果 ……………………………… 172
四、实现数据驱动的决策 ……………………… 173
第六节 Salesforce 的未来展望 ………………… 175
一、持续创新与技术升级 ……………………… 175
二、拓展全球市场 ……………………………… 176
三、加强生态系统建设 ………………………… 177
四、推动行业数字化转型 ……………………… 178
五、结论 ………………………………………… 179
第七节 Salesforce 对于中国科技型企业的借鉴意义 ………………………………… 179
一、中国科技型企业的现状 …………………… 180
二、中国科技型企业面临的问题 ……………… 183
三、中国科技型企业的数字化发展路径 ……… 187

参考文献 ………………………………………… 191

第一章
企业数字化转型的必然选择

第一节　数字化转型是企业发展的必经之路

在当今快速发展的信息时代，数字化转型已成为企业保持竞争力和实现可持续发展的关键。无论是通过提升内部效率，还是通过开拓新的市场和业务，数字化转型都为企业提供了前所未有的机遇。数字化转型不仅注重企业内部流程的优化和改进，更关注企业战略、组织、文化和经营模式的全面重塑。

企业数字化转型的核心在于利用信息技术，特别是互联网、物联网、大数据、人工智能和区块链等新兴技术，提升企业的运营效率、创新能力和市场竞争力。这不仅要求企业在技术层面进行全面升级，还要求企业在管理理念、组织结构和业务流程等方面进行深刻的变革。

一、企业数字化转型的基本要求

（一）万物互联：企业数字化转型的创新资源及技术应用

物联网（IoT）技术的发展，使得设备、系统和服务之间实现了无缝连接。通过万物互联，企业能够获取更加丰富和实时的创新资源。这些资源不仅包括设备和生产线的实时数据，还包括有关客户行为和市场动态的数据。通过分析和应用这些数据，企业可以更精准地进行产品设计、生产优化和市场决策，从而大幅提升创新能力和市场响应速度。

物联网的具体应用主要体现在智能制造、智能物流、智能销售等方面。

（1）智能制造。在生产制造过程中，物联网传感器可以实时监测设备运行状态和产品质量，从而及时发现和解决问题，提升生产效率和产品质量。例如，通用电气公司（GE）通过在生产线和设备中部署物联网传感器，实现了对生产设备的实时监控和预测性维护，降低了设备故障率和维护成本，提升了生产效率。

（2）智能物流。物联网技术可以应用于物流管理，实现对货物的全程跟踪和监控，确保物流过程的安全和高效。例如，联合包裹服务公司（UPS）通过在运输车辆和包裹上安装物联网传感器，实现了对物流过程的实时监控和优化调度，提升了物流效率和客户满意度。

（3）智能销售。物联网技术在智能销售方面的应用非常广泛，它通过智能推荐系统、虚拟试衣间、实时库存监控与智能补货等多种手段，极大地提升了企业销售运营效率与顾客体验。借助物联网传感器，企业可以实时掌握商品市场情况，及时补货，避免断货或积压。同时，物联网技术还可应用于智能货架管理、智能支付系统等领域，使得商品陈列更加符合顾客需求，支付过程更加便捷。此外，通过客流分析与店铺布局优化，物联网技术可帮助企业销售部门更好地了解客户行为，优化销售策略。总之，物联网技术的应用让销售变得更加智能化、高效化，不仅提升了企业的经营能力，也为客户带来了更加便捷和个性化的消费体验。

（二）数据驱动：企业创新要素优化配置

数据已经成为企业最重要的资产之一。通过数据驱动的方式，企业可以实现创新要素的优化配置。例如，通过大数据分析，企业可以发现市场的潜在需求和趋势，进而调整产品研发和生产策略。同时，数据还可以帮助企业优化供应链管理、提升客户服务质量，从而在激烈的市场竞争中占据优势地位。

（1）市场分析与客户洞察。通过分析海量数据，企业能够精准预测市场趋势，识别竞争对手的动态，并实现市场细分，以制定有针对性的策略。同时，数据还能助力企业构建详尽的客户画像，预测客户需求的变化，及时捕捉客户反馈，从而提升客户满意度与忠诚度。这种基于事实的决策方式，不仅提高了企业的运营效率与竞争力，还确保了企业市场策略的精准性与有效性。随着大数据与人工智能（AI）技术的不断进步，数据驱动在市场洞察中的应用将更加广泛与深入，为企业发展注入强大动力。

（2）产品研发与创新。通过收集、处理和分析大量数据，企业能够深入了解市场需求、用户偏好及竞争态势，为产品研发提供科学依据。这一过程不仅能够提高产品的市场适应性和竞争力，还能够促进产品的持续迭代与优化。数据驱动的创新方法还能够激发创新思维，鼓励企业挖掘潜在机会，推动产品和服务的持续改进与升级。总之，数据驱动已成为产品研发与创新不可或缺的重要驱动力。

（3）供应链优化与管理。企业可以通过对供应链数据的分析，优化供应链管理和运营策略。例如，戴尔公司通过大数据技术实现了对供应链的实时监控和优化调度，有效降低了供应链成本，并提升了供应链效率。

（4）风险管理与控制。金融企业可以通过数据分析技术进行风险评估和防控，提高信贷决策的准确性和效率。例如，金融机构通过大数据技术实现了对用户信用风险的精准评估和防控，提升了信贷决策的准确性和风控水平。

（三）软件创新：企业创新运行规则

在数字化转型过程中，软件起着至关重要的作用。企业通过开发和应用先进的软件系统，可以实现业务流程的自动化和智能化。例如，企业资源计划（ERP）系统、客户关系管理（CRM）系统和供应链管理（SCM）系统等软件工具，可以帮助企业实现高效的资源配置和管理。同时，人工智能和机器学习技术的应用，也给企业带来了前所未有的创新运行规则，极大地提升了企业的运营效率和决策能力。

（1）ERP 系统可以帮助企业整合各项资源，实现信息的共享和流通，提升企业的整体运营效率。例如，思爱普（SAP）公司的 ERP 系统帮助众多企业实现了资源的高效管理和业务流程的优化，提高了企业的运营效率和竞争力。

（2）CRM 系统可以帮助企业管理客户关系，提升客户满意度和忠诚度。例如，Salesforce 公司的 CRM 系统通过对客户数据进行管理和分析，帮助企业实现了客户关系的精准管理和个性化服务，提升了客户满意度和销售业绩。

（3）SCM 系统可以帮助企业优化供应链管理，降低成本和提高效率。例如，Oracle 公司的 SCM 系统通过对供应链数据进行实时监控和优化调度，帮助企业实现了供应链的高效管理和运营，降低了供应链成本，提高了供应链效率。

（4）人工智能和机器学习技术可以帮助企业实现对海量数据的智能分析和处理，提供精准的预测和决策支持。例如，谷歌公司通过人工智能技术实现了对广告的智能优化和精准投放，提升了广告投放效果和客户满意度。

（四）平台支撑：企业构建创新支撑体系

数字化转型离不开强大的平台支撑。云计算平台、大数据平台和人工智能平台等构成了企业数字化转型的基础设施。通过这些平台，企业可以实现数据的集中管理和分析，构建起创新支撑体系。例如，云计算平台可以提供强大的计算和存储能力，支持企业大规模的数据处理和应用开发；大数据平台可以帮助企业进行深度的数据挖掘和分析，发现隐藏的商业机会；人工智能平台则可以提供智能化的决策支持，提升企业的创新能力。

（1）云计算平台可以提供强大的计算能力和存储能力，支持企业业务快速扩展和创新应用的快速部署。例如，亚马逊旗下的云计算服务公司（AWS）借助其强大的计算和存储能力，支持企业实现了业务系统的快速部署和灵活扩展，提升了业务的响应速度和创新能力。

（2）大数据平台可以整合企业的各类数据资源，实现数据的集中管理和高效分析，提供全面的业务洞察和决策支持。例如，阿里巴巴的大数据平台通过对海量数据的高效处理和深度分析，帮助企业精准洞察市场动向并快速做出决策，提高了决策的科学性和准确性。

（3）人工智能平台可以提供智能化的算法和模型，支持企业的智能化应用开发和创新。例如，谷歌公司的人工智能平台通过提供先进的机器学习和深度学习算法，帮助企业实现了对复杂问题的智能化解决和创新应用的快速开发，提升了企业的智能化水平和创新能力。

二、数字经济环境下的企业数字化转型

在数字经济环境下，企业需要通过数字化转型实现产品和服务的创新。例如，通过建立电子商务平台，企业可以打破传统的地理限制，直接面向全球市场；通过数字化营销手段，企业可以更加精准地触达目标客户，提升市场推广效果；通过数字化的生产和管理系统，企业可以实现高效的运营和管理，提高生产能力和竞争能力。

（1）建立电子商务平台，为企业提供全球化的市场。

企业可以通过互联网将产品和服务销售到世界各地，拓展市场空间和销售渠道。例如，中国的阿里巴巴、美国的亚马逊等电子商务平台，已经成为全球企业开展跨境电子商务的重要渠道。通过这些平台，企业可以直接与全球客户进行交易，减少中间环节，降低成本，提高效率。

（2）建立数字化营销体系。企业可以通过社交媒体、搜索引擎、移动应用等多种渠道，进行精准的市场推广和品牌宣传。例如，通过社交媒体平台，企业可以与客户互动，了解客户需求和反馈，提升品牌知名度和客户黏性。通过搜索引擎优化和搜索引擎营销，企业可以提高自身网站的曝光率和访问量，吸引更多潜在客户。通过移动应用，企业可以提供个性化的服务和产品推荐，提升客户体验和购买转化率。

（3）企业可以通过智能制造技术，实现生产和管理的自动化、智能化和网络化。例如，智能制造技术可以通过物联网、人工智能、大数据等技术，实现生产设备和系统的互联互通、智能控制和优化调度，提高生产效率和产品质量。工业互联网可以通过互联网技术，将生产设备、生产系统、供应链系统等进行互联互通，实现数据的实时采集和分析，提高生产管理的精细化水平和企业决策的科学性。智能物流技术可以通过物联网、人工智能、自动化设备等，实现物流过程的自动化、智能化和可视化，提高物流效率和服务质量。

总之，数字化转型不仅是企业顺应时代发展的必然选择，也是实现企业长远发展的重要途径。在政府的引导和支持下，企业应积极拥抱数字化，通过创新资源的整合和应用，提升自身的竞争力和市场地位，为数字经济的发展贡献力量。通过数字化手段，企业能够实现业务模式的创新、生产和管理的优化、市场和客户的精准触达，提高业务效率和效益，推动企业实现跨越式发展。

第二节　企业经营模式的数字化

随着信息技术的迅猛发展，企业经营模式的数字化成为企业实现数字化转型的重要路径。企业经营模式的数字化不仅是对传统企业经营模式的数字化改造，更是通过数字化手段和技术实现企业经营模式的创新发展，从而提升企业的市场竞争力和盈利能力。在实现企业经营模式数字化转型的过程中，企业需要在产品数字化创新、服务数字化创新及社会化服务创新等方面进行深入探索和实践。

一、产品数字化创新

产品数字化创新是企业经营模式数字化转型的重要组成部分。通过将数字技术应用于产品设计、生产、销售和服务等各个环节，企业可以实现产品的智能化、个性化和高效化，提升产品的市场竞争力和用户体验。

（一）智能产品的开发与应用

开发和应用智能产品是产品数字化创新的重要方向之一。通过物联网、人工智能、大数据等技术，企业可以开发出具有智能化功能的产品。这些产品不仅可以满足用户的基本需求，还可以通过智能化的功能为用户提供增值服务。

（1）智能家居产品通过物联网技术将家中的各类设备连接起来，可实现远程控制和智能化管理。例如，智能空调可以根据室内外温度和用户习惯自动调节温度；智能音箱可以通过语音识别技术实现语音控制和信息查询；智能灯可以根据环境光线和用户需求自动调节亮度和色温。

（2）企业通过传感器和数据分析技术，可以实时监测用户的健康状况和运动情况，为用户提供个性化的健康管理和运动指导服务。例如，智能手表或手环可以监测用户的心率、血压、睡眠质量等健康指标，并通过数据分析为用户提供健康建议；还可以记录用户的运动量和运动轨迹，帮助用户制订科学的运动计划。

（3）智能汽车通过物联网和人工智能技术，可实现自动驾驶、智能导航、远程控制等功能，为用户提供更加安全、便捷和舒适的驾驶体验。例如，自动驾驶技术实现了车辆的自主行驶和泊车；智能导航系统可以根据实时路况和用户需求提供最佳行驶路线；远程控制系统可以实现车辆的远程启动、解锁和监控。

（二）数字化产品设计与生产

数字化产品设计与生产是实现产品数字化创新的关键环节。通过数字化技术，企业可以在产品设计和生产过程中实现更加高效、精确和灵活的操作，提高产品的质量和生产效率。

（1）通过计算机辅助设计软件，企业可以在产品设计阶段实现三维建模、虚拟仿真和性能分析，从而提高设计的精确性和效率。例如，汽车制造企业可以通过CAD软件进行整车和零部件的三维建模和仿真分析，优化设计方案，提高产品性能和安全性。

（2）通过3D打印技术，企业可以快速制作产品原型并完成小批量生产，实现产品设计和生产的灵活性、个性化。例如，医疗器械制造企业可以通过3D打印技术快速制作个性化的医疗器械和植入物，提高医疗效果和患者满意度。

（3）通过智能制造系统，企业可以实现生产设备与生产线的互联互通和智能控制，提高生产效率和产品质量。例如，电子产品制造企业可以通过智能制造系统实现生产线的自动化和智能化，提高生产效率和产品一致性，降低生产成本和废品率。

（三）数字化营销

数字化营销是实现产品数字化创新的重要手段。借助数字化技术，企业可以在产品营销过程中实现更加精准、高效和个性化的操作，提高产品的市场推广效果和客户满意度。

（1）通过社交媒体平台，企业可以与用户进行互动，了解用户需求和反馈，提升品牌知名度和客户黏性。例如，耐克公司通过社交媒体平台进行产品推广和用户互动，提高了品牌影响力和销售业绩。

（2）通过搜索引擎优化和搜索引擎营销，企业可以提升网站的曝光量和访问量，吸引更多潜在客户。例如，亚马逊公司通过搜索引擎优化和搜索引擎营销，提高了网站的访问量和销售转化率。

（3）通过电子商务平台，企业可以实现产品的在线销售和服务，拓展市场空间和销售渠道。例如，阿里巴巴的天猫和淘宝平台为企业提供了更广泛的销售渠道，帮助企业实现了产品的快速销售和市场拓展。

二、服务数字化创新

服务数字化创新是企业经营模式数字化转型的一个重要方面。通过数字化技术，企业可以在提供服务和管理的过程中实现更加高效、便捷和个性化的操作，从而提升服务质量和客户满意度。

（一）数字化客户服务

数字化客户服务是实现服务数字化创新的重要手段。借助数字化技术，企业可以在客户服务过程中实现更加高效、便捷和个性化的操作，提升客户满意度和忠诚度。

（1）通过在线客服系统，企业可以为客户提供实时的在线咨询和服务，提高客户满意度和服务效率。例如，京东商城通过在线客服系统为客户提供24小时的在线咨询和售后服务，提高客户满意度和销售转化率。

（2）通过智能客服机器人，企业可以实现客户服务的自动化和智能化，提高服务效率和客户满意度。例如，阿里巴巴的“阿里小蜜”智能客服机器人可以为客户提供智能化的咨询和服务，提高了客户满意度和服务效率。

（3）通过客户关系管理系统，企业可以实现客户数据的集中管理和分析，提供个性化的服务和营销方案。例如，

Salesforce 的 CRM 系统通过对客户数据的管理和分析，帮助企业实现了客户关系的精准管理和个性化服务，提高了客户满意度和销售业绩。

（二）数字化服务管理

数字化服务管理是实现服务数字化创新的关键环节。借助数字化技术，企业可以在服务管理过程中实现更加高效、精确和灵活的操作，提高服务质量和管理效率。

（1）通过服务流程管理系统，企业可以实现服务流程的自动化和标准化，提高服务效率和质量。例如，银行通过服务流程管理系统实现了柜台业务的自动化和标准化，提高了服务效率和客户满意度。

（2）通过智能调度系统，企业可以实现服务资源的智能调度和优化配置，提高服务效率和客户满意度。例如，快递公司通过智能调度系统实现了快递员的智能派单和路线优化，提高了配送效率和客户满意度。

（3）通过服务质量监控系统，企业可以实时监控和分析服务质量，及时发现和解决服务问题，从而提高服务质量和客户满意度。例如，电信公司通过服务质量监控系统实现了对客户服务的实时监控和分析，提高了服务质量和客户满意度。

（三）数字化服务创新

数字化服务创新是企业经营数字化创新的重要方向。通过数字化技术，企业可以开发出具有创新性和增值性的服务产品，为客户提供更优质的服务体验。

（1）运用数字化技术，企业可以为客户提供增值服务，提升客户满意度和忠诚度。例如，移动运营商通过数字化技术为客户提供流量管理、数据备份、智能家居等增值服务，提升了客户满意度和忠诚度。

（2）运用数字化技术，企业可以为客户提供个性化的服务方案，提升客户满意度和体验。例如，某在线教育平台通过数字化技术为学生提供个性化的学习计划和课程推荐，提升了学习效果和学生满意度。

（3）运用人工智能和大数据技术，企业可以为客户提供智能化的服务，提高服务效率和客户满意度。例如，智能客服机器人通过人工智能技术为客户提供智能化的咨询和服务，提高了客户满意度和服务效率。

三、社会化服务创新

社会化服务创新是企业经营模式数字化的一个重要方面。通过数字化技术，企业可以在经营模式中引入社会化元素，实现经营模式的创新和升级，提升市场竞争力和客户参与度。

（一）社交媒体与企业整合

社交媒体的广泛应用为企业带来了新的经营模式创新机会。通过将社交媒体与企业活动结合，企业可以在品牌传播、市场推广和客户互动等方面实现创新。

（1）通过社交媒体平台，企业可以实现产品的在线销售和市场推广，提升销售转化率和客户满意度。例如，微信小程序和朋友圈广告为企业提供了便捷的社交电商渠道，帮助企业实现了产品的快速销售和市场拓展。

（2）通过社交媒体平台，企业可以建立品牌社区，与客户进行互动和交流，提升品牌影响力和客户黏性。例如，星巴克通过社交媒体平台建立了品牌社区，与客户分享品牌故事和产品信息，提升了品牌的影响力和客户忠诚度。

（3）通过社交媒体平台，企业可以鼓励用户生成内容，提升品牌的曝光率和用户参与度。例如，耐克通过社交媒体平台鼓励用户分享运动体验和使用心得，提升了品牌的曝光率和用户的参与度。

（二）社会化供应链

社会化供应链是指通过社会化网络和平台，实现供应链的协同和优化，提高供应链的效率和灵活性。

（1）通过社会化供应链协同平台，企业可以实现供应链各环节的协同和优化，提高供应链的效率和灵活性。例如，阿里巴巴的1688平台通过提供供应链协同服务，帮助企业实现了供应链的高效管理和优化。

（2）通过社会化网络和平台，企业可以实现物流服务的众包，提高物流效率和服务质量。例如，京东的众包物流平台通过吸引社会力量参与物流配送，提高了物流服务效率和服务质量。

（3）通过社会化网络和平台，企业可以实现生产资源的共享，提高生产效率和资源利用率。例如，通过共享制造平台提供的生产资源共享服务，企业实现了生产资源的高效利用和生产效率的提高。

（三）社会化金融

社会化金融是指通过社会化网络和平台，实现金融服务的创新和优化，提高金融服务的效率并扩大金融服务的覆盖面。

（1）通过众筹平台，企业可以实现融资需求的社会化解决，提高融资效率和成功率。例如，Kickstarter 和 Indiegogo 等众筹平台为企业提供了便捷的融资渠道，可帮助企业实现项目的快速融资和市场验证。

（2）通过 P2P 借贷平台，企业可以实现借贷需求的社会化解决，提高借贷效率和降低融资成本。例如，Lending Club 和 Prosper 等 P2P 借贷平台为企业提供了便捷的借贷渠道，可帮助企业快速解决借贷需求并降低融资成本。

（3）通过区块链技术，企业可以实现金融服务的去中心化和透明化，提高金融服务的效率和安全性。例如，银行搭建的区块链平台提供的去中心化金融服务，可帮助企业实现金融交易的去中心化并提高安全性。

四、数字化经营生态系统

数字化经营生态系统是指企业通过数字化技术和平台，构建一个互联互通、协同合作的商业生态系统，最终实现企业经营模式的创新和升级。

（一）商业生态系统的构建与管理

通过数字化技术和平台，企业可以构建并管理一个互联互通、协同合作的商业生态系统，进而实现企业经营模式的创新和升级。

（1）通过数字化平台，企业可以紧紧围绕主业构建一个互联互通、协同合作的商业生态系统，以便创新和升级商业模式。例如，阿里巴巴通过提供电商平台、支付平台、物流平台等服务，构建了一个互联互通、协同合作的商业生态系统，实现了企业经营模式的创新和升级。

（2）通过数字化平台，企业可以实现开放创新，吸引外部资源和力量参与到企业的创新过程中，提升创新的效率和效果。例如，谷歌公司通过开放创新平台，吸引了大量开发者和创新者参与到其产品和服务的创新过程中，提高了创新效率。

（3）通过数字化平台，企业可以实现资源的共享和优化利用，提高资源利用率并推动商业模式创新。例如，Uber 和 Airbnb 通过提供共享经济平台，帮助企业和个人实现了资源的共享和优化利用，提高了资源利用率并助力商业模式创新。

（二）数字化企业经营生态系统的创新与发展

数字化技术和平台可以帮助企业实现经营生态系统的创新和发展，增强企业经营模式的竞争力和可持续性。

（1）通过数字化平台，企业可以实现跨行业的合作和协同，促进商业模式的创新和发展。例如，腾讯公司通过与零售、金融、医疗等行业的合作，构建了一个跨行业的企业经营生态系统，推动了企业经营模式的创新和发展。

（2）通过数字化平台，企业可以实现产业链的整合和优化，增强商业模式的竞争力和可持续性。例如，华为公司通过构建产业链整合平台，实现了供应链、生产、销售等环节的整合和优化，提升了企业经营模式的竞争力和可持续性。

（3）通过数字化平台，企业可以提供数字化转型咨询服务，以帮助其他企业实现数字化转型，促进企业经营模式的创新和发展。例如，埃森哲通过数字化转型咨询服务，帮助很多企业实现了数字化转型，推动了企业经营模式的创新和发展。

第三节　数字化转型企业案例

通过对国内知名企业的数字化转型案例进行分析，我们可以更深入地了解企业数字化转型的实践和成效，借鉴成功经验和最佳实践，推动自身企业的数字化转型。

一、海尔集团的数字化转型

海尔集团创立于 1984 年，是全球领先的美好生活和数字化转型解决方案服务商。该集团是世界第四大白色家电制造商，也是中国电子信息百强企业之首。海尔集团以提升用户体验为中心，拥有众多智能家电品牌及物联网服务品牌，致力于构建物联网生态圈，满足全球用户不断迭代的个性化家居服务方案需求。其创新能力和品牌影响力在全球范围内均处于领先地位，连续多年蝉联多个权威榜单的榜首。通过数字化转型，海尔集团实现了从传统制造企业向智能制造企业的转型，提高了生产效率和产品质量，提升了市场竞争力。海尔集团的数字化转型主要体现在智能制造、数字化供应链和个性化定制三个方面。

（一）智能制造

海尔集团通过引入物联网、人工智能、大数据等技术，实现了生产设备和生产线的互联互通和智能控制，提高了生产效率和产品质量。具体措施表现在以下三个方面。

（1）海尔集团在全球范围内建设了一批智能工厂，利用物联网技术将生产设备和生产线连接起来，形成了一个互联互通的智能制造系统。例如，海尔集团在青岛的工业园区建成了一个智能工厂，通过物联网技术，实现了生产设备的实时监控和优化调度。生产设备上安装的传感器可以实时采集数据，并将数据传输到中央控制系统进行分析和处理。通过对数据进行分析，可以实时调整生产设备的运行参数，优化生产流程，提高生产效率和产品质量。

（2）海尔集团引入人工智能技术，开发了智能控制系统，用于监控和优化生产过程。例如，通过引入机器学习算法，智能控制系统可以预测设备故障，并提前进行维护，缩短停机时间。同时，智能控制系统可以实时监控生产线的运行状态，自动调整生产参数，确保生产过程的稳定性和高效性。

（3）海尔集团利用大数据技术，对生产过程中的海量数据进行分析，优化生产流程和质量控制。例如，通过对生产数据的分析，海尔集团可以识别出生产过程中的瓶颈和问题，并提出改进措施，提高生产效率和产品质量。通过大数据分析，海尔集团还可以提高原材料的使用效率，降低生产成本和废品率。

（二）数字化供应链

海尔集团通过建设数字化供应链平台，实现了供应链的协同和优化，提高了供应链的效率和灵活性。具体措施包括以下三个方面。

（1）海尔集团建设了一个数字化供应链平台，将供应链的各个环节连接起来，实现数据的实时共享和协同管理。例如，海尔集团的供应链平台可以实时监控原材料的库存情况，自动生成采购订单，确保原材料的及时供应。同时，供应链平台可以实时跟踪物流信息，确保物料的及时配送和准确到达。

（2）通过建设数字化供应链平台，海尔集团实现了供应链各环节的数据共享和实时监控。例如，海尔集团可以实时获取供应商的生产和库存数据，优化采购计划和生产计划，避免因原材料短缺导致的生产中断。通过实时监控物流信息，海尔集团可以优化物流路径，降低运输成本，提高配送效率。

（3）海尔集团通过建设数字化供应链平台，实现了供应链各环节的协同和优化。例如，海尔集团可以与供应商、物流公司等合作伙伴实时共享信息并协同工作，优化供应链流程，提高供应链的灵活性和响应速度。海尔集团通过优化供应链，降低了库存数量和供应链成本，提高了供应链的整体效率和竞争力。

（三）个性化定制

海尔集团通过建设个性化定制平台，实现了产品的个性化设计和生产，提升了产品的市场竞争力和用户体验。具体措施主要包括以下三个方面。

（1）海尔集团通过个性化定制平台，可以精准采集用户需求。例如，海尔集团通过线上线下的多种渠道，收集用户的购买行为、使用反馈和个性化需求数据。通过大数据分析和人工智能技术，海尔集团可以准确识别用户的个性化需求，并根据这些需求进行产品设计和生产。

（2）海尔集团通过个性化定制平台，实现了产品的个性化设计和生产。例如，用户可以通过海尔集团的定制平台选择产品的型号、颜色、功能等，并提交个性化定制订单。海尔集团通过智能制造系统，将用户的定制需求转化为生产指令，进行个性化生产，确保产品满足用户的个性化需求。

（3）通过个性化定制平台，海尔集团不仅提升了产品的市场竞争力，还大幅提升了用户体验。比如，用户可以通过定制平台参与产品设计过程，享受到独特的个性化服务，提高用户对品牌的忠诚度和满意度。同时，海尔集团通过定制平台与用户建立了紧密的互动关系，可以实时获取用户反馈，不断优化产品和服务，提升用户体验。

综上所述，海尔集团通过智能制造、数字化供应链和个性化定制的实施，实现了从传统制造企业向智能制造企业的转型，提高了生产效率和产品质量，增强了市场竞争力。海尔集团的数字化转型经验为其他制造企业提供了有价值的借鉴。

二、阿里巴巴的数字化商业生态系统

阿里巴巴是全球领先的电子商务企业，其通过构建数字化商业生态系统，实现了商业模式的创新和升级，提升了市场竞争力和盈利能力。阿里巴巴的数字化商业生态系统主要包括电商平台、支付平台、物流平台和云计算平台。

（一）电商平台

阿里巴巴通过建设电商平台，实现了商品的在线销售和服务，拓展了市场空间和销售渠道。具体措施有以下三个方面。

（1）阿里巴巴旗下的天猫和淘宝是全球领先的电子商务平台。天猫作为企业对消费者（B2C）平台，为品牌和零售商提供了一个直接面向消费者的在线销售渠道。淘宝作为消费者对消费者（C2C）平台，为个人卖家提供了一个便捷的销售平台。通过这两个平台，阿里巴巴实现了商品的广泛覆盖和市场拓展。天猫和淘宝不仅提供了丰富的商品种类，还通过大数据分析和个性化推荐，提升了用户的购物体验。例如，用户可以通过搜索、浏览和推荐功能，方便地找到自己需要的商品，提升了购买效率和满意度。

（2）天猫和淘宝平台提供的便捷的电商服务帮助企业实现了商品的在线销售和市场拓展。这些服务包括在线店铺管理、营销推广、客户服务和数据分析等。例如，企业可以通过天猫和淘宝平台建立和管理自己的在线店铺，进行商品展示和销售。平台还提供了多种营销工具，如促销活动、广告投放和社交媒体营销，帮助企业提升品牌知名度和销售业绩。通过大数据分析，企业可以了解消费者的购物行为和偏好，优化产品和服务，提高客户满意度。

（3）天猫和淘宝平台提供的便捷的电商服务，提升了企业的销售业绩和客户满意度。企业通过平台可以直接接触大量的潜在客户，扩大销售渠道和市场覆盖面。

（二）支付平台

阿里巴巴通过建设支付平台，为用户提供便捷、安全的在线支付服务，提升了用户体验和支付效率。具体措施有以下两个方面。

（1）支付宝是阿里巴巴旗下的第三方支付平台，其不仅支持在线购物支付，还提供了多种生活服务支付功能，例如水电费缴纳、交通罚款支付和手机充值等。

（2）支付宝提供的支付服务帮助用户实现了快速、安全和便捷的在线支付。例如，支付宝采用了多层次的安全防护措施，包括用户实名认证、动态密码验证和风险监控，确保了支付过程的安全性，提升了支付效率和用户体验。

（三）物流平台

阿里巴巴通过建设物流平台，实现了物流服务的高效管理和优化调度，提升了物流效率和服务质量。具体措施包括三个方面。

（1）菜鸟网络是阿里巴巴旗下的物流平台，其通过整合物流资源，实现了物流服务的高效管理和优化调度。菜鸟网络不仅提供仓储和配送服务，还开发了智能物流系统，实现了物流过程的全程监控和优化调度。例如，菜鸟网络通过物联网技术，将物流设备和运输工具连接起来，实时监控物流状态，优化配送路径，提高配送效率。

（2）菜鸟网络提供的高效物流服务，可帮助企业实现物流过程的优化调度和高效管理。企业可以通过菜鸟网络平台进行仓储管理、订单处理和配送管理，提升物流效率和服务质量。例如，通过菜鸟网络智能仓储系统，可实现仓库内货物的自动化分拣和调度，提高仓储管理效率。同时，通过大数据分析，菜鸟网络可以预测物流需求，优化配送计划，确保物流过程的高效、便捷。

（3）菜鸟网络提供的高效物流服务，可帮助企业提升物流效率和服务质量。例如，企业通过菜鸟网络平台可以实现物流过程的全程监控和实时追踪，确保货物安全、准时送达。通过优化配送路径和提升配送效率，菜鸟网络帮助企业降低了物流成本，提高了物流服务质量。例如，一家电商企业可以通过菜鸟网络平台实时监控每个订单的配送状态，并及时与客户沟通，以提高客户满意度。

（四）云计算平台

阿里巴巴通过建设云计算平台，为企业提供强大的计算和存储能力，支持企业业务的快速扩展和创新应用的快速部署。具体措施包括三个方面。

（1）阿里云是阿里巴巴旗下的云计算平台，为企业提供了全面的云计算服务，包括计算、存储、网络、安全和人工智能等。阿里云通过全球数据中心布局，提供高可用性和高可靠性的云计算资源，可支持企业业务的快速扩展和创新应用的快速部署。

（2）阿里云通过提供丰富的计算资源和强大的存储能力，可帮助企业实现业务系统的快速部署和灵活扩展。例如，企业可以根据业务需求，随时调整云计算资源的配置，满足高峰期的计算需求。阿里云还提供了多种存储解决方案，包括对象存储、块存储和文件存储，可满足不同业务场景下的存储需求。

（3）阿里云通过提供强大的计算和存储能力，可提升企业业务的响应速度和企业创新能力。例如，企业可以通过阿里云平台快速部署新应用和服务，缩短产品的开发和上线周期。阿里云还提供了丰富的人工智能和大数据分析工具，支持企业进行数据驱动的决策和创新。例如，一家金融科技公司可以利用阿里云的人工智能工具开发智能风控系统，提高金融产品的安全性和用户体验。

阿里巴巴构建的电商平台、支付平台、物流平台和云计算平台，形成了完整的数字化企业经营生态系统，实现了企业经营模式的创新和升级，提升了市场竞争力和盈利能力。阿里巴巴的数字化经营生态系统不仅为企业提供了便捷、高效的市场化服务，还为企业的创新和发展提供了强大的支持和保障。

三、腾讯的数字化社交平台

腾讯成立于1998年，是中国领先的互联网科技公司之一，总部位于深圳。作为服务用户最多的互联网企业之一，腾讯以“一切以用户价值为依归”为经营理念，通过即时通信工具QQ和微信、门户网站腾讯网、在线游戏平台、视频服务腾讯视频等多元化产品，为全球用户提供丰富的互联网增值服务。腾讯还积极在云计算、金融科技、人工智能等领域布局，推动数字化转型，致力于提升人们的生活品质。腾讯通过建设数字化社交平台，实现了企业经营模式的创新和升级，提升了市场竞争力和用户体验。腾讯的数字化社交平台主要包括社交平台、数字化营销平台和数字化支付平台。

（一）社交平台

腾讯通过建设社交平台，方便了用户的互动和交流，提升了用户体验和用户黏性。其主要通过微信平台、QQ 平台来提升用户体验和用户黏性。

（1）微信是腾讯最成功的社交平台之一，具有即时通讯、朋友圈、公众号、小程序等多种功能。微信通过提供便捷的社交服务，帮助用户实现了高效的互动和交流。例如，用户可以通过微信进行文字、语音和视频聊天，还可以通过朋友圈分享生活动态，与好友互动。此外，微信还提供了公众号和小程序平台，企业和个人可以通过公众号发布内容，通过小程序提供服务，进一步提升用户体验和用户黏性（见图 1–1）。

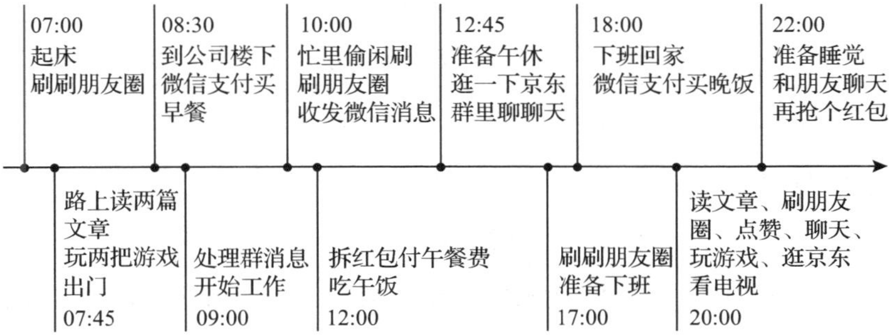

图 1–1　微信典型用户的一天

资料来源：199IT 中文互联网数据资讯网。

（2）QQ 是腾讯的另一个重要社交平台，拥有强大的即时通讯功能和丰富的娱乐服务。QQ 不仅支持文字、语音和视频聊天，还提供了群聊、文件传输、远程协助等功能。通过这些功能，QQ 帮助用户实现了多样化的互动和交流，提升了用户体验和用户黏性。例如，用户可以通过 QQ 进行多人语音聊天，分享文件和屏幕，进行远程协助，提高沟通和协作的效率。

（3）通过微信和 QQ 平台，腾讯帮助用户实现了高效便捷的互动和交流，提升了用户体验和用户黏性。这些平台提供的便捷的社交服务，满足了用户的多样化需求，增强了用户对平台的依赖性和忠诚度。例如，用户通过微信不仅可以进行日常社交，还可以借助微信支付、公众号、小程序等功能完成购物、支付、获取信息和使用服务，极大地方便了用户的生活。

（二）数字化营销平台

腾讯通过建设数字化营销平台，实现了精准的市场推广和品牌传播，提升了市场推广效果和品牌知名度。

（1）腾讯广告平台利用微信、QQ、腾讯新闻等多个平台的数据资源，提供精准的广告投放服务。通过对用户行为数据进行分析，腾讯广告平台可以构建用户画像，精准锁定目标用户，提高广告投放的效果和效率。例如，企业可以在腾讯广告平台上投放基于用户兴趣、地理位置、消费习惯等多维度的数据定向广告，确保广告信息能够触达潜在客户，提高广告转化率。

（2）腾讯广告平台提供的精准的广告投放服务，可以帮助企业实现市场推广的精准化和品牌传播的高效化。通过大数据分析和人工智能技术，腾讯广告平台可以根据目标受众的个性化需求，制定个性化的广告投放策略，提高广告的点击率和转化率。例如，一家时尚品牌可以通过腾讯广告平台针对年轻女性群体投放个性化的时尚产品广告，提升品牌知名度和销售额。

（3）借助腾讯广告平台的精准广告投放服务，企业能够显著提升市场推广效果和品牌知名度。腾讯广告平台的多样化广告形式和精准投放策略，可帮助企业实现品牌传播的广泛覆盖和高效触达。例如，一家新兴科技公司通过在微信朋友圈投放广告，成功吸引了大量关注和互动，快速提升了品牌知名度和市场影响力。

（三）数字化支付平台

腾讯通过建设数字化支付平台，提供便捷、安全的在线支付服务，提升用户体验和支付效率。

（1）腾讯旗下的数字化支付平台，为用户提供了便捷、安全的在线支付服务。微信支付不仅支持在线购物支付，还覆盖了生活缴费、线下消费、转账、红包等多种支付场景。例如，用户可以通过微信支付进行电商购物支付、扫码支付、转账红包、缴纳水电费等，享受便捷的支付体验。

（2）微信支付采用了多层次的安全防护措施，包括用户实名认证、动态密码验证、指纹识别等，确保了支付过程的安全性。用户可以通过微信支付进行快速支付，无须重复输入支付信息，提升了支付效率和用户体验。

（3）微信支付便捷、安全的支付服务，提升了用户体验和支付效率。用户可以通过微信支付完成多种支付操作，获得便捷的支付体验。例如，用户在商场购物时，可以通过扫描商家的二维码进行支付，无须现金和刷卡，整个支付过程快速、安全。微信支付还提供了转账和红包功能，用户可以方便地进行转账和发放红包，提升了社交互动和支付效率。

腾讯通过建设社交平台、数字化营销平台和数字化支付平台，形成了完整的数字化社交平台生态系统，实现了企业经营模式的创新和升级，提升了市场竞争力和用户体验，并成功地实现了企业发展的智能化目标，大大增强了企业的盈利能力。

第四节　数字化转型的挑战与对策

尽管数字化转型为企业带来了诸多机遇，但在实践过程中，企业也面临着诸多挑战。企业需要制定有效的对策，克服数字化转型中遇到的困难，才能取得数字化转型成功。

一、数字化转型的挑战

（一）技术挑战

数字化转型需要引入和应用先进的数字化技术，企业需要具备相应的技术能力和资源。在引进和运用新技术的过程中，企业面临的挑战主要包括以下四个方面。

（1）技术更新快。企业需要不断学习和掌握新技术，保持技术优势。新技术的快速发展使企业必须投入大量资源跟踪技术前沿。例如，人工智能、大数据分析、物联网、区块链等技术的快速迭代，要求企业不断更新设备、软件和技术技能，保持技术竞争力。在这种情况下，企业很难跟上技术更新的步伐。

（2）技术复杂度高。企业需要具备跨领域的技术整合能力。数字化转型不仅需要信息技术（IT）的支持，还需要运营技术（简称 OT）的深度融合。例如，在智能制造中，企业需要将物联网设备与传统的工业控制系统集成，并通过大数据分析优化生产流程，这需要跨部门和跨学科的技术整合能力。对大多数企业而言，具体操作过程中的技术复杂度很高。

（3）技术人才短缺。企业需要熟悉高新技术的高素质人才。然而，技术人才的培养周期长，市场上合适的人才供给不足，导致企业在推进数字化转型时面临人才短缺的困境。而且企业需要的不仅是具有高新技术的员工，还需要能够在快速变化的技术环境中保持学习能力和适应能力的员工，这导致技术人才短缺问题更加突出。

（4）资金缺乏保障。目前中国企业上市要求较严格，即使能够上市，也无法做到在股市实现连续融资，企业面临融资难、融资贵的问题。

（二）组织挑战

数字化转型不仅是技术变革，更是组织变革，企业需要在组织结构、管理模式等方面进行调整和优化。具体挑战包括以下三个方面。

（1）组织结构调整困难。传统的组织结构通常是层级化的，决策链条长、响应速度慢，不适应快速变化的数字化环境。企业需要建立扁平化的组织结构，提升决策的灵活性和效率。然而，组织结构调整涉及多个层级和部门的利益，再加上员工对变革的抵触情绪，往往使得调整过程困难重重。

（2）管理模式变革难度大。数字化转型需要引入新的管理模式，但企业在实施过程中往往面临管理模式变革困难等问题。传统的管理模式强调自上而下的命令与控制，而数字化转型需要更多的自下而上的创新和灵活应对。企业需要引入敏捷管理、项目管理等新型管理模式，但这需要改变现有的管理思维和流程，对管理者和员工而言都是巨大的挑战。

（3）文化认同障碍。数字化转型意味着工作方式、流程和目标的改变，员工可能会因为对新技术缺乏了解或恐惧心理而抵触变革。企业需要在内部营造支持变革的文化氛围，提升员工对数字化转型的认同和参与度。例如，在推行新的ERP系统时，一些员工可能会担心自己的工作方式被改变，甚至担心失去工作，因此抵制新系统的实施，阻碍数字化转型。

（三）数据安全与隐私挑战

在数字化转型的过程中，企业需要处理大量的数据。处理数据时，保护数据安全和个人隐私是一个重要挑战。这方面的具体挑战包括以下三个方面。

（1）数据泄露风险。随着企业信息化程度的提高，数据泄露事件频发，黑客攻击、内部泄密等都可能导致企业重要数据泄露，给企业带来巨大的经济损失和声誉损害。企业需要采取全面的数据保护措施，防范数据泄露风险。

（2）数据管理复杂。数字化转型需要对海量数据进行管理和分析，数据管理的复杂性给企业带来挑战。企业需要建立有效的数据管理体系，确保数据的准确性、一致性和完整性。同时，数据的多样性和来源的分散性也增加了数据管理的难度，企业需要整合来自不同系统和平台的数据，以便进行统一管理和分析。

（3）隐私保护要求高。数字化转型过程中，企业需要遵守严格的隐私保护法规和标准，面临隐私保护的挑战。不同国家和地区的隐私保护法规不同，企业需要在全球范围内遵守不同的法规，这增加了管理的复杂性。例如，欧盟的《通用数据保护条例》（GDPR）对数据隐私保护提出了严格的要求，企业需要在处理数据的过程中严格遵守这些法规，以避免高额罚款和法律风险。

二、数字化转型的对策

（一）技术对策

企业可以通过引入先进的数字化技术、提升技术能力和培养技术人才等方式，应对数字化转型中面临的技术挑战。

（1）企业可以通过引入先进的数字化技术，提升技术能力和竞争力。例如，企业可以积极采用人工智能、大数据分析、物联网等前沿技术，通过技术升级优化生产流程和管理模式。通过引进先进技术，企业可以在技术上保持领先地位，提升市场竞争力。例如，一家制造企业引入工业物联网，实现了生产设备的实时监控和预测性维护，提高了生产效率和设备利用率。

（2）企业可以通过加强技术培训和技术合作，提升技术创新能力和技术整合能力。企业可以与高校、科研机构和技术供应商合作，开展联合研发和技术交流，提高技术创新水平。同时，企业可以通过举办技术培训班、技术研讨会等方式，提升内部技术团队的能力。

（3）企业可以通过内部培养和外部引进相结合的方式，培养和引进高素质的技术人才。企业可以制订技术人才培养计划，定期开展技术培训，提高现有员工的技术水平。同时，企业可以通过招聘和引进外部技术专家，扩充技术人才队伍，确保技术人才的充足供给。

（4）在股市不能保障企业技术升级改造所需资金的情况下，企业需要积极地开辟企业债券市场，通过发行企业债券为企业技术创新提供重要的资金来源。同时，也要积极开拓其他融资渠道。

（二）组织对策

企业可以通过调整组织结构、优化管理模式和增进文化认同等方式，应对数字化转型中面临的组织挑战。

（1）企业可以通过调整和优化组织结构，提升组织的灵活性和适应性。例如，一家大型零售企业可以将传统的层级结构改为基于项目的团队结构，提升团队的自主性和决策效率。

（2）企业可以通过引入新的管理模式，提高管理效率和管理水平。例如，一家软件开发公司可以采用敏捷开发模式，提高开发团队的协作效率和项目交付速度。

（3）企业可以通过加强文化建设和员工培训，提升全员对数字化转型的认同和支持。例如，一家金融服务公司可以通过举办数字化转型主题的内部研讨会和培训课程，提升员工对数字化技术和新工作方式的认同感和适应能力。

（三）数据安全与隐私对策

企业可以通过加强数据安全管理、提升数据管理能力和遵守隐私保护法规等方式，应对数字化转型中面临的数据安全与隐私保护挑战。

（1）企业可以通过建立健全的数据安全管理体系，提升数据安全管理能力。例如，一家银行实施全面的数据加密方案，可以确保客户数据在传输和存储过程中的安全性。

（2）企业可以通过引入先进的数据管理技术和工具，提升数据管理能力。例如，一家制造企业通过实施数据治理计划，规范数据采集和存储流程，可以确保数据的高质量和可用性。

（3）企业可以通过加强隐私保护培训和管理，严格遵守隐私保护法规和标准。例如，一家电子商务公司通过制定全面的隐私保护政策，可以确保在处理客户数据时遵守 GDPR 等国际隐私保护法规。

第二章
人力资源与财务管理的数字化转型

第一节　人力资源管理的数字化转型

企业的运作就是资本与人本的运营。在现代企业经营管理中，人本即员工，是企业最重要的资源之一。随着数智化时代的到来，人本管理也必须随之转型，通过数字化手段提高管理效率、优化资源配置、支持科学决策，并提升创新能力。本节将详细探讨人力资源数字化转型的意义、核心工具与技术、典型案例分析，以及转型面临的挑战与对策。

一、人力资源管理数字化转型的意义

人力资源管理数字化转型是通过引入和应用先进的数字化工具和技术，实现人力资源管理的全面数字化，提高企业的运营效率和市场竞争力。其主要意义体现在以下四个方面。

（1）提高企业管理效率。数字化技术使得人力资源管理流程的自动化和智能化成为可能，从而大大提高了管理效率和准确性。例如，员工入职、离职、薪酬计算等事务通过自动化系统处理，减少了人工干预和人为错误。

（2）优化企业资源配置。利用数字化工具，可以精确识别和配置人力资源，实现资源的最优利用。例如，通过大数据分析，可以了解员工的技能和绩效表现，从而在项目分配和团队组建过程中结合具体情况做出最佳决策。

（3）支持企业科学决策。通过数据分析和智能化应用，企业可以获得全面而深入的人力资源数据支持，提升决策的科学性和准确性。例如，管理层可以基于数据分析结果，制订更符合实际需求的培训和发展计划。

（4）提升企业创新能力。数字化技术为人力资源管理带来了新的工具和方法，可以帮助企业实现管理创新和业务模式创新，从而提升企业市场竞争力。例如，通过 AI 技术，可以开发出智能化的员工学习和发展平台，提升员工的技能和创新能力。

二、人力资源管理数字化转型的核心内容与技术

人力资源管理数字化转型涉及多个方面和环节，需要引入和应用一系列先进的管理模式和技术。人力资源管理数字化的价值体系如图 2–1 所示。

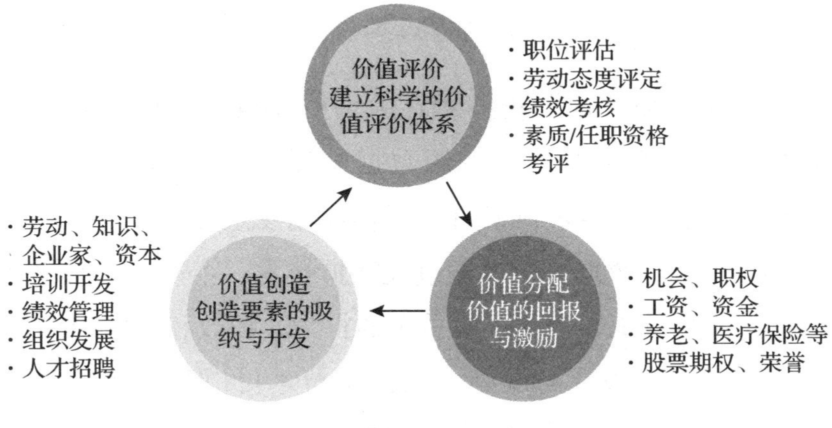

图 2–1 人力资源管理数字化价值体系

（一）人力资源信息系统（HRIS）

人力资源信息系统（HRIS）是人力资源管理数字化的基础工具。通过 HRIS，企业可以实现对人力资源数据的全面管理和高效应用。具体应用场景如下。

（1）员工信息管理。HRIS 可以帮助企业管理员工的基本信息、职位信息、薪酬信息等，实现员工信息的全面记录和管理。例如，企业可以通过 HRIS 记录员工的入职、离职、职位变动等信息，方便进行查询和管理。

（2）薪酬与福利管理。HRIS 可以帮助企业管理员工薪酬和福利信息，实现薪酬发放和福利管理的自动化和精准化。例如，企业可以通过 HRIS 软件设置薪酬计算规则和福利方案，自动计算和发放员工的薪酬和福利。

（3）考勤与休假管理。HRIS 可以帮助企业管理员工的考勤和休假信息，实现考勤记录和休假审批的自动化和智能化。例如，企业可以通过 HRIS 记录员工的考勤数据和休假申请，自动生成考勤报表和休假记录。

（二）大数据与数据分析技术

大数据和数据分析技术在人力资源管理中的应用，可以帮助企业实现对人力资源数据的深度分析和精准管理，提升决策的科学性和准确性。具体应用场景如下。

（1）员工数据分析。通过大数据技术，企业可以收集和分析大量的员工数据，了解员工的行为、绩效和发展趋势。

（2）人才预测与规划。大数据技术可以帮助企业进行人才预测和规划，通过对历史数据和员工行为数据的分析，预测人才的需求和发展趋势，制订人才规划和培养计划。

（3）绩效评估与改进。大数据技术可以帮助企业进行绩效评估，通过对绩效数据的精准分析，发现绩效问题和改进机会，进而快速做出改进，提升绩效管理的效果。

（三）云计算与区块链技术

云计算和区块链技术在人力资源管理中的应用，可以实现人力资源数据的高效存储和安全管理，提升数据的可用性和安全性。可具体应用云计算平台、区块链平台、数据共享与协同平台。

（1）通过云计算平台，企业可以实现人力资源数据的高效存储和管理，提升数据的可用性和管理效率。

（2）通过运用区块链技术，可以帮助企业实现人力资源数据的安全管理和可信存储，提升数据的安全性和可信度。

（3）通过综合运用云计算和区块链技术，企业可以实现人力资源数据的共享与协同，提升数据的利用效率和协同管理水平。

三、人力资源管理数字化转型的案例

通过对世界知名企业的人力资源管理数字化转型案例进行分析，我们可以更好地了解人力资源管理数字化的实践和成效，借鉴成功经验和实践方法，推动自身企业的人力资源管理数字化转型。

（一）谷歌的人力资源管理数字化转型

在谷歌这个全球科技巨头中，人力资源管理数字化转型不仅仅是一项策略，而且是其持续创新和引领行业变革的核心动力。这一转型过程涉及人力资源管理的每一个细节，从数据驱动的决策制定，到智能化的招聘流程，再到个性化的员工发展路径，都体现了谷歌对于人才价值的深刻理解和高度重视。

1. 数据驱动的决策制定：洞察未来的力量

谷歌公司建立了一个复杂而高效的数据分析体系，这一体系覆盖了员工绩效、工作满意度、职业发展、学习需求等多个层面。通过大数据分析技术，谷歌能够精准地描绘出每位员工的职业画像，预测其未来的发展趋势，并据此制定个性化的人力资源策略。这种数据驱动的决策方式，不仅提高了管理效率，更确保了人力资源配置的精准性和前瞻性。谷歌利用这些数据洞察，不断优化招聘、培训、晋升等流程，确保每个环节都能为公司的长远发展提供有力支持。

2. 智能化的招聘流程：精准匹配，高效选拔

在招聘环节，谷歌充分利用了AI技术的力量。通过自然语言处理和机器学习算法，谷歌能够自动筛选简历，快速识别出与岗位需求高度匹配的候选人。这种智能化的筛选方式，不仅减轻了人力资源管理人员（HR）的工作压力，还大大提高了招聘效率。同时，谷歌还引入了视频面试、在线技能测试等先进的招聘工具，使招聘过程更加便捷、高效。此外，谷歌还注重候选人的多元化和包容性，通过算法优化确保招聘程序公平公正，为公司吸引更多优秀人才。

3. 个性化的员工发展路径：助力员工实现职业梦想

谷歌深知，员工的成长是公司发展的基石。因此，公司投入了大量资源用于员工的个性化培训与发展。谷歌的学习平台汇聚了全球顶尖的在线课程资源，涵盖了从技术前沿到管理实践的各个方面。员工可以根据自己的职业发展规划和学习兴趣，自主选择课程进行学习。此外，谷歌还通过数据分析技术，为每位员工定制个性化的培训计划。这些计划不仅关注员工的技能提升，还注重培养其创新思维和领导能力。通过这种个性化的培训方式，谷歌帮助员工实现了自我成长和价值实现，同时也为公司的长远发展储备了丰富的人才资源。

4. 未来展望：持续深化数字化转型，引领行业变革

随着技术的不断进步和人才市场的不断变化，谷歌的人力资源数字化转型也将持续深化。未来，谷歌将继续加大对 AI、大数据等前沿技术的投入力度，提高人力资源管理的智能化水平。同时，谷歌还将更加注重员工的多元化和包容性，努力营造一个开放、包容、创新的工作环境。此外，谷歌还将积极探索新的培训方式和职业发展路径，为员工提供更多元化的成长机会和发展空间。通过这些努力，谷歌将不断巩固其在全球科技领域的领先地位，并引领行业向更加智能化、人性化的方向发展。

（二）微软的人力资源管理数字化转型

微软作为全球领先的软件公司，通过人力资源管理数字化转型，实现了人力资源管理的高效化和精准化，提升了员工体验和组织绩效。其具体实践包括以下三个方面。

（1）微软通过 Azure 云计算平台，集中存储和管理员工的基础信息、薪酬数据、绩效数据等，实现了人力资源数据的高效存储和管理，提升了数据的可用性和管理效率。

（2）微软通过大数据和数据分析技术，实现了人力资源管理的精准化和科学化，通过数据分析和智能化应用，提升了决策的科学性和准确性。

（3）微软通过AI和机器学习（ML）技术，实现了员工体验管理的智能化和个性化；通过智能化员工反馈和数据分析，提升了员工的体验和满意度。

四、人力资源管理数字化转型的挑战与对策

在人力资源管理数字化转型过程中，企业可能面临一系列挑战，需要制定有效的对策应对挑战，实现转型成功。

（一）面临的挑战

在深入探讨人力资源管理数字化转型面临的挑战时，我们需要更细致地剖析其背后的复杂性和多维度影响。

1. 技能缺口与人才缺口加大

随着AI、大数据、云计算等技术的普及，企业不仅需要技术专家来构建和维护这些系统，还需要具备数字化思维和技术的业务人员和管理者来推动整个组织的转型。然而，当前市场上这类高端人才稀缺，且培养周期长，难以满足企业的迫切需求。此外，传统行业的员工往往缺乏对新技术的理解和应用能力，导致技能更新滞后，进一步加剧了人才短缺的问题。

2. 数字化工具的复杂性与碎片化

市场上的数字化工具种类繁多，功能各异，企业在选择时往往面临选择困难。更糟糕的是，这些工具之间往往

缺乏统一的标准和接口，导致“数据孤岛”现象严重。企业在尝试整合使用这些工具时，不仅需要投入大量的人力物力，还可能面临技术难题和兼容性问题。这不仅增加了企业的运营成本，还可能影响人力资源管理数字化转型的进度和效果。

3. 数据安全与隐私保护的严峻挑战

随着数字化转型的深入推进，企业收集和处理的数据量呈爆炸式增长。这些数据中包含大量敏感信息，如员工个人信息、客户数据等。一旦这些数据被泄露或滥用，将会给企业带来不可估量的损失。因此，如何确保数据的安全性、完整性和隐私性成为企业必须面对的重要课题。然而，目前的数据保护技术和法规尚不完善，企业在应对这一挑战时显得力不从心。

4. 组织文化与员工适应性的深层次变革

人力资源管理数字化转型不仅仅是技术层面的变革，更是组织文化和员工心态的深层次变革。企业需要打破传统的层级结构和官僚作风，营造更加开放、灵活和创新的文化氛围。然而，这一变革过程中往往伴随着员工的抵触情绪和不安定感。员工需要适应新的工作环境、角色定位和工作方式，这对他们的心理适应能力和工作能力都提出了巨大的挑战。此外，企业还需要建立有效的沟通机制和激励机制来引导员工积极拥抱变化、参与创新。

（二）应对的策略

针对上述挑战，企业可以采取以下对策来有效推进人力资源管理数字化转型。

1. 实施全面的人才培养与引进战略

企业应制订长期的人才培养计划，通过内部培训、外部合作等多种方式提升员工的数字化技能和创新能力。同时，建立人才梯队和人才储备机制，确保关键岗位有人才接替。此外，加大高端人才的引进力度，通过提供具有竞争力的薪酬、福利和发展机会来吸引优秀人才加入企业。

2. 优选并整合数字化工具

企业在选择数字化工具时应充分调研和比较不同产品的功能和性能，选择符合自身需求和实际情况的工具。同时，加强与 IT 部门的沟通和协作，制定统一的数据标准和接口规范，以确保不同工具之间的数据能够互联互通。在整合过程中，可以采用微服务架构、API 等技术手段来降低整合难度和提高整合效率。

3. 强化数据安全与隐私保护

企业应建立健全的数据管理制度和隐私保护政策，以便明确数据的使用权限和范围；应采用加密技术、访问控制等手段加强数据安全措施，以防止数据泄露和非法利用。同时，要加强员工的数据安全意识和隐私保护意识培训，确保员工在处理敏感数据时能够遵守相关规定和流程。此外，还可以考虑引入第三方安全审计和评估机构来定期检查和评估企业的数据安全状况。

4. 推动组织文化与员工适应性的变革

企业应积极营造开放、灵活和创新的文化氛围，鼓励员工参与创新、分享知识和经验。可以通过组织文化活动、团队建设等方式增强员工的归属感和凝聚力。同时，要加强与员工的沟通和交流，以便了解员工的需求和关切，并及时解答员工的疑问和困惑。此外，还可以建立激励机制，表彰和奖励在数字化转型中表现突出的员工，激发员工的工作积极性和创造力。通过这些措施，企业可以推动组织文化变革和提高员工适应能力，为人力资本数字化转型提供有力支持。

人力资源管理数字化是企业数字化转型的重要组成部分。通过引入和应用先进的数字化工具和技术，企业可以实现人力资源的精准管理和高效配置，提升人力资源的价值和竞争力。在数字化转型过程中，企业需要积极应对技术更新、数据安全和员工接受度等方面的挑战，制定有效的对策，推动人力资源数字化转型，最终实现企业的长远发展和竞争力提升。

第二节　人力资源管理数字化转型新工具

在人力资源管理领域，数字化转型正在彻底改变传统的人力资源管理方式。通过应用先进的数字化工具和技术，企业可以实现人力资源管理的高效化、智能化和精准化，提升员工体验和组织绩效。在本节中，我们将进一步探讨人力资源管理数字化转型的新工具，包括招聘与选拔、绩效管理、培训与发展、员工体验等方面的数字化工具应用。

一、招聘与选拔数字化工具

招聘与选拔是人力资源管理的关键环节，数字化工具在这一领域的应用可以显著提高招聘效率和选拔质量。

（一）在线招聘平台

在线招聘平台是招聘数字化转型的基础工具，通过这些在线平台，企业可以发布职位信息、筛选简历和安排面试。

（1）企业可以通过在线招聘平台发布职位信息，管理招聘流程。例如，Boss 直聘和 Indeed 等在线招聘平台提供了丰富的职位发布和管理功能，可帮助企业高效地进行职位发布和应聘者管理。

（2）在线招聘平台通常具备简历筛选和匹配功能，通过关键词搜索和匹配算法，企业可以快速找到符合职位要求的候选人。例如，猎聘和智联招聘等平台通过智能匹配技术，可帮助企业快速筛选简历，提高招聘效率。

（3）在线招聘平台还提供视频面试功能，方便企业进行远程面试，节省时间和成本。例如，腾讯会议、Zoom 和微软 Teams 等平台提供了高效的在线面试工具，可帮助企业进行远程招聘和人才选拔。

（二）人工智能与机器学习

人工智能（AI）和机器学习（ML）技术在招聘与选拔中的应用，可以进一步提升招聘效率和选拔准确性。

在简历解析与评估方面，通过运用 AI 技术和 ML 技术，企业可以实现简历的自动解析与评估，快速筛选出符合要求的候选人。例如，AI 招聘助手可以自动解析候选人的简历信息，进行匹配和评分，提高简历筛选效率和准确性。

（1）AI 和 ML 技术还可以用于面试评估与分析，通过对面试过程的录音和录像进行分析，帮助招聘人员评估候选人的表现和潜力。例如，美国线上招聘服务公司 HireVue 的 AI 面试评估工具通过分析候选人的语音和表情，提供面试评估和反馈，可提升面试评估的客观性和准确性。

（2）AI 技术和 ML 技术用于人才预测与推荐，可通过对历史招聘数据和候选人行为数据进行分析，预测候选人的发展潜力和匹配度，提供人才推荐和决策支持。例如，Pymetrics 的 AI 招聘平台用人才推荐工具分析候选人的行为数据和心理特征，可提供精准的人才推荐，提高选拔质量和决策效率。

二、绩效管理数字化工具

绩效管理是人力资源管理的重要环节，数字化工具的应用可以提升绩效管理的效率和科学性，帮助企业实现管理目标和提升绩效。

（一）在线绩效评估系统

在线绩效评估系统是绩效管理数字化转型的基础工具，通过这些系统，企业可以实现绩效目标的设定、跟踪和评估。

（1）企业可以通过在线绩效评估系统设定绩效目标，明确员工的工作任务和绩效指标。例如，目标与关键结果（OKR）系统可以帮助企业设定明确的目标和关键结果，提升绩效管理的透明度和可操作性。

（2）在线绩效评估系统可以实现绩效跟踪与反馈，通过数据记录和分析，帮助管理者实时了解员工的绩效表现，提供及时的反馈和指导。例如，Workday 和 SuccessFactors

等系统提供了丰富的绩效跟踪和反馈功能，可帮助企业实现高效的绩效管理。

（3）在线绩效评估系统可以实现绩效评估与分析，通过数据分析和报告，帮助企业全面评估员工的绩效表现和发展潜力。例如，ADP 和 BambooHR 等系统提供了强大的绩效评估和分析工具，可帮助企业进行科学的绩效评估和决策。

（二）数据化绩效分析技术

数据化绩效分析技术在绩效管理中的应用，可以帮助企业实现数据驱动的绩效管理，提升绩效管理的科学性。

（1）企业可以通过收集和分析大量的绩效数据，全面了解员工的工作表现和绩效趋势，从而进行全面的绩效分析。

（2）绩效数据分析可用于绩效预测与优化。企业通过对历史绩效数据和行为数据进行分析，可以预测员工的绩效趋势和发展潜力，提供绩效优化建议和决策支持，有针对性地制订绩效提升计划和激励措施。

（3）通过数字化绩效分析技术，企业可以优化绩效评估与反馈流程，提升绩效评估的科学性和反馈的有效性。

三、培训与发展数字化工具

培训与发展是人力资源管理的重要组成部分，数字化工具的应用可以提升培训与发展的效率和效果，帮助企业加强人才培养，最终提升员工技能。

（一）在线学习平台

在线学习平台是企业培训与推进数字化转型的基础工

具。通过这些平台，企业可以提供多样化的学习资源和培训课程，提升员工的学习和发展能力。

（1）企业可以通过在线学习平台管理和发布培训课程，为员工提供丰富的学习资源和培训机会。例如，Coursera 和 Udemy 等在线学习平台提供了大量的优质课程资源，可帮助企业员工实现技能提升和知识更新。

（2）在线学习平台可以实现对员工学习进度的跟踪与评估，通过数据记录和分析，帮助企业了解员工的学习情况和培训效果，有利于提升培训的效果和员工的学习能力。

（3）在线学习平台可以提供个性化的学习推荐，可以根据员工的学习需求和发展目标，推荐适合员工的学习资源和培训课程。例如，LinkedIn Learning 和 Skillsoft 等在线学习平台通过智能推荐技术，可为员工提供个性化的学习推荐，帮助他们实现高效学习和快速发展。

（二）虚拟现实（VR）与增强现实（AR）

虚拟现实（VR）和增强现实（AR）技术在培训与发展中的应用，可以为学员提供沉浸式和互动式的学习体验，提升培训效果和激发学习兴趣。

（1）通过运用 VR 技术，企业可以创建虚拟培训场景，提供沉浸式的培训体验，帮助员工掌握复杂的技能和知识。例如，制造业企业可以通过 VR 技术模拟生产设备的操作和维护场景，对员工进行技能培训和安全培训。

（2）通过运用 AR 技术，企业可以在实际工作场景中提供增强现实教学，提升学习效果和实操能力。例如，医疗行业可以通过 AR 技术在手术过程中提供实时的操作指导和培训，提升医务人员的操作技能和安全意识。

（3）通过运用VR和AR技术，企业可以实现互动学习与评估，提升学习的参与度和效果，帮助员工在实际操作中进行学习和评估，提升实操技能。

四、员工体验数字化工具

员工体验是人力资源管理的重要方面，数字化工具的应用可以提升员工的体验和满意度，增强员工的归属感和工作动力。

（一）员工体验平台

员工体验平台是提升员工体验的数字化工具。通过这些平台，企业可以收集和分析员工反馈的意见，基于此提供个性化的员工关怀和支持。

（1）通过员工体验平台，企业可以收集员工反馈的意见和建议，了解员工的需求和期望，进行数据分析和改进，提升员工的满意度和参与度。

（2）员工体验平台可以辅助企业提供个性化的员工关怀和支持，帮助员工解决工作和生活中的问题，提升员工的幸福感和归属感。

（3）通过员工体验平台可以促进员工的参与和互动，加强团队协作，活跃组织气氛，提升员工的参与感和团队凝聚力。

（二）人工智能助手

人工智能助手可以作为提升员工体验的智能化工具。

通过运用这些助手，企业可以提供高效的员工服务和支持，提升员工的工作效率和满意度。

（1）通过人工智能助手，企业可以提供24小时在线客服和技术支持，帮助员工快速解决问题，提升员工的工作效率和满意度。

（2）人工智能助手可以帮助员工管理工作任务，便于员工合理安排工作时间和任务，提高工作效率和任务完成度。

（3）人工智能助手可以提供个性化的学习和发展建议，帮助员工实现职业发展和技能提升，助力员工的职业发展，增强他们的学习动力。

人力资源管理数字化转型是企业提升管理效率和员工体验的重要途径。通过应用先进的数字化工具和技术，企业可以实现招聘与选拔、绩效管理、培训与发展和员工体验的高效化、智能化和精准化，提升组织绩效和员工满意度。在数字化转型过程中，企业需要积极探索和应用新技术，持续优化和提高人力资源管理水平，推动企业的长远发展和竞争力的持续提升。

第三节　财务管理的数字化转型

随着信息技术的快速发展，财务管理也在经历着数字化转型。数字化技术在财务管理实践中的应用，不仅提升了财务管理的效率和准确性，还促进了财务管理模式和思维的创新。本节将探讨财务共享与IT重构、智能财务与实时会计、财务管理数字化转型的挑战与对策、财务管理数字化转型的未来趋势等具体内容。

一、财务共享与IT重构

（一）财务共享的意义

财务共享服务（Shared Services）是将企业内部分散的财务职能集中到一个共享服务中心，通过标准化、专业化的服务，提高财务管理的效率和质量，降低成本，实现财务职能的集约化和规模化管理。财务共享具有以下意义。

（1）提高效率。通过财务共享服务，企业可以实现财务职能的集中管理，减少重复劳动和资源浪费，提高财务管理的效率。

（2）降低成本。财务共享服务通过集中管理和标准化流程，可以降低财务管理的运营成本，提高资源利用效率。

（3）提高质量。财务共享服务通过专业化的服务团队和标准化的管理流程，可以提高财务管理的质量和水平，减少错误和降低风险。

（4）支持决策。财务共享服务通过整合数据和信息，可以为企业管理层提供及时、准确的财务数据和决策支持，从而提升决策的科学性和有效性。

（二）IT重构的实践

财务管理的IT重构是指通过引入和应用先进的信息技术，重构财务管理的系统和流程，实现财务管理的数字化、智能化和自动化。IT重构的主要内容包括以下几个方面。

（1）系统集成。通过IT重构，企业可以实现财务管理系统的集成和一体化管理，提升数据的集中性和一致性。

例如，通过 ERP 系统，可以将财务管理系统与企业的其他业务系统集成，实现数据共享和协同管理。

（2）流程自动化。通过 IT 重构，企业可以实现财务管理流程的自动化和智能化，减少人工干预和人为错误。例如，通过机器人流程自动化（RPA）技术，可以自动处理财务数据的录入、对账、报表生成等工作，提高管理效率和准确性。

（3）数据分析。通过 IT 重构，企业可以对财务数据进行深度分析，发现业务趋势和风险，进而提升决策的科学性和有效性。

（4）风险管理。通过 IT 重构，企业利用 AI 和机器学习技术可以实时监控财务数据，及时发现异常和风险并采取应对措施。

二、智能财务与实时会计

（一）智能财务的应用

智能财务是指通过引入和应用人工智能（AI）、大数据、云计算等先进技术，实现财务管理的智能化和自动化，提高财务管理的效率和准确性。

（1）通过 AI 技术，企业可以进行财务数据的智能化处理和分析，有助于提高数据处理的效率和准确性。例如，企业通过智能报表生成工具，可以自动生成财务报表和分析报告，减少人工干预和人为错误。

（2）通过 AI 技术和机器学习技术，企业可以实现财务风险的智能化管理，有助于实时监控财务数据，及时发现异常和风险，进而采取有效应对措施。

（3）通过大数据分析技术，企业可以实现财务数据的深度分析和精准管理，有助于提升决策的科学性和有效性。

（二）实时会计的实现

实时会计是指通过信息技术的应用，实现财务数据的实时采集、处理和分析，提高财务管理的实时性和准确性的一种会计方式。

（1）通过传感器、物联网（IoT）等技术，实现财务数据的实时采集和传输。将采集到的数据实时传输到财务管理系统，可提高数据处理的及时性和准确性。

（2）通过云计算和大数据技术，可以实时处理和分析财务数据，生成实时的财务报表和分析报告，提高数据处理的效率和准确性。

（3）通过数据分析技术，可以实时分析企业的财务数据，发现业务趋势和风险，提供及时可靠的决策支持。

三、财务管理数字化转型的挑战与对策

财务管理数字化转型是指运用信息技术等手段对财务数据进行统计、记录、存储、融合和分析，以重建财务组织、重塑业务流程，从而更好地理解和融合业务、支持管理、辅助经营和优化决策。然而，这一转型过程中也面临着诸多挑战，企业需要制定有效的对策，克服挑战，以便实现成功转型。

（一）财务管理数字化转型的挑战

在财务管理数字化转型的征途中，企业首先要面对的

是技术层面的深刻变革。随着云计算、大数据、人工智能等技术的飞速发展，传统的IT架构和数据处理方式已难以满足现代财务管理的需求。企业需投入大量资源来升级或替换现有的IT系统，以确保数据的实时性、准确性和安全性。然而，这一过程不仅成本高昂，还可能面临技术选型、系统集成、数据迁移等多重难题。

此外，数字化转型还对企业的财务管理模式提出了更高要求。传统的财务管理往往侧重于事后核算和报告，而财务管理数字化转型则强调预测、控制和分析的全流程管理。这意味着财务人员需要掌握更多的数据分析和决策支持技能，同时企业也需要建立更加灵活、高效的财务管理流程。然而现实情况是，许多企业的财务管理人员尚未具备这些技能，且现有流程也难以适应数字化转型的需求。

更为严峻的是，变革管理成为数字化转型过程中的一大障碍。数字化转型不仅仅是技术层面的升级，更是企业文化、组织架构、管理流程等多方面的深刻变革。这种变革需要企业高层领导的坚定支持和推动，同时也需要全体员工的积极参与和配合。然而，由于惯性思维和利益冲突等原因，许多企业在推进数字化转型时遭遇到重重阻力。

（二）财务管理数字化转型的对策

（1）针对技术层面的挑战，企业应采取以下对策：一是加大技术投入，引进先进的云计算、大数据和人工智能技术，提升数据处理和分析能力；二是加强系统集成，确保财务系统与其他业务系统之间的无缝对接和数据共享；

三是注重数据安全和隐私保护，建立健全的数据安全管理制度并采取有效的保护措施。

（2）在财务管理模式方面，企业应注重以下转变：一是从事后核算向事前预测和事中控制转变，建立全面的预算管理、成本控制和风险管理机制；二是加强财务与业务的深度融合，推动业财一体化发展；三是提升财务人员的综合素质和技能素养，通过培训和教育等方式培养其数据分析、决策支持和风险管理能力。

（3）在变革管理方面，企业应注重以下策略：一是加强组织领导，成立专门的数字化转型领导小组或工作小组，负责推进数字化转型的各项工作；二是制订详细的转型计划和时间表，明确转型目标和路径；三是加强沟通和协调，确保各部门之间的顺畅沟通和团结协作；四是注重员工激励和文化建设，营造支持变革的企业文化氛围。

综上所述，财务管理数字化转型是一项复杂而艰巨的任务，需要企业在技术、管理、文化等多个方面进行全面升级和变革。只要企业能够正确应对这些挑战并采取有效的对策，就一定能够成功实现财务管理的数字化转型，为企业的长远发展注入新的动力和活力。

四、财务管理数字化转型的未来趋势

随着数字技术的不断进步，财务管理数字化转型将继续深化和创新发展。以下是未来的发展趋势。

（1）全面智能化。随着 AI、机器学习和大数据技术的进一步发展，财务管理的智能化水平将不断提高，更多的财务决策和管理将实现自动化和智能化。

（2）实时数据驱动。实时数据采集、处理和分析技术将进一步发展，财务管理的实时性和精准性将不断提高，企业将能够更快地响应市场变化和业务需求。

（3）区块链技术的应用。区块链技术在财务管理中的应用将逐步扩大，通过去中心化和加密技术，提高财务数据的安全性和可信度，促进跨组织的财务协同和透明管理。

（4）个性化和定制化。随着企业对个性化管理的需求不断增加，财务管理数字化转型将更加注重个性化和定制化，通过智能化系统和数据分析，为企业提供量身定制的财务管理解决方案。

财务管理数字化转型是企业数字化转型的重要组成部分，通过引入和应用先进的数字化工具和技术，企业可以实现财务管理的智能化和自动化，提高财务管理的效率和准确性。在数字化转型过程中，企业需要积极应对技术适应性、数据安全和员工接受度等方面的挑战，制定有效的对策，推动财务管理数字化转型顺利实施，最终实现企业的长远发展和竞争力的提升。

第四节 财务管理的数字化创新升级

一、财务管理数字化带来的创新

在支撑企业数字化转型的动能中，财务管理数字化的进一步创新发展提供了强大支撑。财务管理数字化带来的创新主要体现在以下两个方面。

（1）将财务管理系统迁移到云端，实现了对财务数据的高效访问，同时提高了数据的安全性和可靠性。这种转变使得财务数据更加易于获取、存储和处理，可以提高财务管理的效率。

（2）利用机器人流程自动化（RPA）等技术，可有效实现财务流程的自动化，如发票处理、账目核对等。这不仅可以减少人工操作的时间和错误，还可以提高财务工作的准确性和效率。

二、建立数据驱动的决策体系

（1）财务管理的数字化创新，支持企业通过数据分析和数据挖掘技术，提取有价值的财务信息，可为企业的决策提供数据支持。大数据分析可以帮助企业更好地理解市场趋势、客户需求及经济周期，从而更精准地制定财务战略规划。

（2）财务管理的数字化创新，支持企业建立数据驱动的决策体系，进而根据实时数据进行快速、准确的决策，提高决策的速度和准确性。

三、财务风险管理数字化的强化

（1）企业采用区块链技术，可提供安全且可追溯的财务信息交换和记录，确保财务数据的完整性和准确性。区块链技术还可以提供智能合约功能，实现财务交易的自动化执行，从而减少人为干预和人为错误。

（2）风险管理工具创新可为数字化财务管理系统提供更好的风险管理工具，以便企业通过数据分析和模拟来识别和应对潜在的风险，从而降低经营风险。

四、数字化财务管理系统的创新优势

数字化财务管理系统的创新优势主要包括以下五个方面。

（1）数字化财务管理系统能够自动完成财务数据的收集、整理和报表生成，大大提高了财务管理的效率。

（2）数字化财务管理系统不仅节省了人力和时间成本，而且能够在最短时间内提供最准确的财务资料。

（3）数字化财务管理系统可以实时监控和分析财务数据，帮助企业及时发现财务问题，为企业的财务决策提供科学依据。

（4）数字化财务系统通过自动化解决了一些重复性的工作，减少了办公用品的消耗，从而降低了企业的财务管理成本。

（5）数字化财务管理系统可提供全面的财务数据和报表，帮助企业深入了解自身的财务状况，及时发现问题并调整策略，从而提升企业的整体竞争力。

（6）数字化财务管理系统可提供多种财务管理和会计核算功能，如发票管理、资金往来管理、资产管理等，满足企业不同方面的需求。

五、财务管理数字化创新过程中需要改进的问题

财务管理数字化创新过程中存在以下需要改进之处。

（1）随着数字化财务管理的发展，企业财务数据的安全性问题日益突出。网络黑客攻击、病毒攻击等安全隐患对企业财务数据构成了严重威胁。

（2）很多企业当前的信息化水平较低，无法充分发挥

数字化财务管理系统的功能和作用。

（3）一些企业在数字化财务管理方面的管理理念滞后，还停留在传统的财务管理模式上，对数字化财务管理的重要性和优势认识不足。

（4）数字化财务管理系统的技术支持是保证其稳定运行的重要保障。然而，一些企业在数字化财务管理系统的技术支持方面投入不够，导致系统出现问题时无法得到及时修复。

（5）一些企业在实际操作过程中发现其数字化财务管理系统经常出现崩溃、卡顿、数据丢失等问题，这严重影响了企业财务数据的正常处理和管理。

（6）数字化财务管理系统可能受到人为因素的影响，如操作疏忽、录入错误等，导致数据失真，给企业带来财务风险。

（7）一些数字化财务管理系统可能缺乏足够的个性化定制服务，难以满足企业在财务管理方面的个性化需求。

综上所述，财务管理数字化转型过程中有着显著的优势，同时也存在一些需要改进和完善的不足之处。企业在选择和使用数字化财务管理系统时，需要充分考虑这些因素，以确保系统能够满足企业的实际需求，为企业的发展提供有力支持。

第三章
企业数字化转型发展的动能

第一节　数字化管理与技术人才的培养

一、数字化时代的社会教育

（一）教育改革的主要内容

（1）调整高校课程，增加数字化技术相关课程，如编程、数据分析、人工智能、物联网等，以满足数字化时代的社会需求。

（2）加强与企业的合作，开设与企业需求相符的信息技术类专业课程，让学生接触最新的技术并了解行业需求。

（3）鼓励跨学科交叉培养，拓宽人才来源，如设立跨学科的数字化治理专业。

（二）在线学习与开放课程

（1）鼓励员工利用在线学习资源，如借助大学开放课程、在线课程和自学平台学习，提高个人数字技能。

（2）鼓励个人利用业余时间进行在线学习，持续更新和提升自己的数字化技能。

（三）实践与项目

（1）提供实践项目，如鼓励学生参与企业实习、学校科研项目或自主项目，锻炼学生的实践技能。

（2）鼓励企业设立实习项目，为学生提供实践机会，同时培养内部员工的数字化治理能力。

（四）认证与认可

（1）鼓励员工获得相关数字技术认证，如大数据分析师、人工智能工程师等，帮助员工在求职和职业发展中脱颖而出。

（2）企业可以设立内部认证体系，激励员工提升数字化技能。

（五）持续学习

（1）鼓励员工和企业保持持续学习的习惯，关注数字技术的最新发展，不断适应新技术和新需求。

（2）企业可以设立培训项目，为员工提供持续的数字化技能培训。

二、管理人才与技术人才的培养

管理人才是具有广博的管理知识和社会经验的人才，是深刻了解人的行为及其人际关系的人才，是具有很强的组织能力和交际能力的人才，他们不但了解为什么要做，而且能把握行为变化，充分调动员工的积极性，鼓励他们去完成工作目标。在实现管理目标的过程中，他们机动灵活，应变能力很强。在数字化时代，企业推行数字化转型需要具备数字化管理能力的管理人才。这些人才需要通过社会教育来培养，需要在企业实践中锻炼，也需要在国内外劳动力市场中寻觅。

技术人才是指掌握和应用技术手段为社会谋求直接利益的人才。由于技术人才的任务是为社会谋求直接利益，因而，他们常常在工作现场或生产一线工作。在人类社会劳动的链环中，他们处于研究型人才和技能型人才之间。所以国外也有人称他们为“中间人才”。企业的数字化转型需要依靠大量掌握各种数字技术的高级技术人才来推进。这方面的人才需要经过高等教育培养，更需要经过生产实践锻炼，同样需要在国内外劳动力市场中寻觅。

（一）建立多元化的人才引进渠道

（1）与国内外高校合作，引进国内外优秀的数字化专业人才。

（2）设立奖学金和交流项目，鼓励国内外优秀学生来我国企业工作。

（3）利用人才市场、招聘网站等渠道，积极寻找和引进优秀的数字化人才。

（二）完善薪酬和晋升机制

（1）提供具有竞争力的薪酬和福利，吸引并留住优秀的数字化人才。

（2）制定明确的晋升路径和激励机制，鼓励员工在数字化领域取得成就。

（三）加强企业文化建设

（1）营造鼓励创新、尊重人才的企业文化，让高新技术人才感受到归属感和价值感。

（2）举办各类活动，如技术分享会、创新大赛等，激发员工的创新精神，增强团队凝聚力。

（四）国际合作与交流

（1）加强与国际组织和企业的合作与交流，引进先进的数字化技术和理念。

（2）鼓励员工参加国际学术会议和研讨会，拓宽视野和知识面。

数字化方面的人才培养与引进需要综合考虑教育改革、在线学习、实践项目、认证认可、持续学习等多个方面。同时，需要通过建立多元化的人才引进渠道、完善薪酬和晋升机制、加强企业文化建设和国际合作与交流等措施，来吸引并留住优秀的高新技术人才。这些措施的实施，可以为企业和组织的数字化转型提供有力的人才保障。

第二节　数字化时代的企业社会责任

在数字化时代，关注企业的社会责任显得尤为重要。以下是对数字化时代的企业社会责任的详细阐述，包括具体方面和相关数字信息。

一、在数据安全和隐私保护方面的责任

（1）数据保护。随着企业数字化程度的提高，大量用户数据和商业机密信息存储在信息系统中。企业应严格保护客户个人信息和商业机密，遵循数据保护法规，如欧盟的《通用数据保护条例》（GDPR）。

（2）网络安全。企业应增强对网络攻击和信息泄露的防御能力，通过升级安全措施、定期组织安全审计等方式确保数据安全。公开数据显示，每年因网络安全问题造成的经济损失巨大，因此，企业应将维护网络安全视为首要责任。

二、在提供就业机会和人力资源管理方面的责任

（1）促进就业。数字化时代的到来为许多人提供了新的就业机会，如数据分析师、AI 工程师等。企业应积极招聘和培训这些新型人才，为社会创造更多就业机会。

（2）员工培训。通过提供数字化技能培训，企业可以帮助员工适应数字化时代的需求，提升员工的专业能力和竞争力。

三、在创新和社会公益方面的责任

（1）推动创新。企业应通过数字化技术的创新来提高生产力，改善服务并满足消费者需求。这不仅可以为企业创造更高的经济价值，还可以推动创新，促进整个产业的发展。

（2）社会公益。企业应积极参与社会公益事业，如数字化扶贫、数字化教育等，为社会做出更多贡献。例如，阿里巴巴通过数字化技术和平台为贫困地区的农民提供了更多的商机和就业机会，推动了当地经济的发展。

四、在环保和可持续发展方面的责任

（1）节能减排。数字化技术可以帮助企业实现节能减排，如通过智能制造提高生产效率、减少能源消耗。企业应采取节能、减排、循环利用等措施，充分利用数字化技术，减少工业生产对环境的不良影响。

（2）环保监测。企业可以开发环境监测和管理应用平台，如空气质量监测、水质监测平台等，帮助政府和企业监测和管理环境污染问题。这不仅可以提高企业的环保效率，还可以促进整个社会的环境保护和可持续发展。

五、在培养数字素养和道德观念方面的责任

（1）数字素养培养。企业和组织应关注员工的数字素养培养，包括数字意识、计算思维、数字化学习与创新等方面。这有助于员工更好地适应数字化时代的工作和生活。

（2）道德建设。在数字环境中，企业和员工应形成正确的价值观、道德观、法治观，遵循数字伦理规范。这包括保持对国家的热爱、对法律的敬畏、对民族文化的认同等。

总之，在数字化时代，关注社会责任不仅是企业的义务，也是企业实现数字化转型和可持续发展的关键。企业应通过保护数据安全、促进就业、推动创新、关注环保和

道德观念建设等来履行社会责任，为数字化社会的繁荣和发展做出应有的贡献。

第三节　数字化企业经营模式

一、引言

数字化企业经营模式是指企业利用互联网、大数据、云计算等数字技术，重新设计和构建其产品和服务的价值创造和价值传递方式。数字化企业经营模式不同于传统的企业经营模式，它更强调数据驱动、平台化运营和生态系统协同。在这种模式下，企业不仅提供产品和服务，还通过平台连接供应链上下游、合作伙伴和客户，形成一个互利共赢的生态系统。

具体来说，数字化企业经营模式具有以下三个特征。

（1）数据驱动：企业通过数据分析洞察市场需求，进而优化产品和服务。

（2）平台化运营：企业构建开放的平台，连接各种资源和参与者，共同创造价值。

（3）生态系统协同：企业与供应链、合作伙伴和客户形成协同效应，共享资源和成果。

二、数字化企业经营模式创新的驱动因素

数字化企业经营模式创新的驱动因素在当今市场经济环境中扮演着至关重要的角色，它们不仅有力推动了市场格局的重塑，还引领了未来企业发展的方向。

（一）技术进步的推动

技术进步是数字化企业经营模式创新最直接的驱动力。随着信息技术的飞速发展，特别是云计算、大数据、人工智能、物联网、区块链等前沿技术的不断成熟和应用，企业拥有了前所未有的数据处理和分析能力。这些技术不仅降低了数据获取和处理的成本，还极大地提高了数据处理的效率和准确性，为企业提供了更加精细化的市场洞察和更准确的决策支持。

在云计算技术的支撑下，企业可以灵活地扩展或缩减 IT 资源，快速响应市场变化；大数据分析技术则帮助企业从海量数据中挖掘出有价值的信息，优化产品和服务；人工智能技术的应用进一步提升了企业的自动化和智能化水平，如智能客服、智能推荐系统等，极大地提升了用户体验。这些技术的应用使得企业能够创造出更加个性化、智能化的产品和服务，满足消费者日益增长的多元化需求。

（二）消费者行为的变化

消费者行为的变化是数字化企业经营模式创新的另一个重要驱动力。在数字化时代，消费者的信息获取渠道更加多元，购物习惯也更加个性化。他们不再满足于传统的产品和服务，而是更加注重体验、参与和互动。这种变化迫使企业重新审视自己的经营模式，以便更好地满足消费者的新需求。

一方面，企业需要利用数字化技术提供更加便捷、个性化的购物体验，如电商平台的个性化推荐、社交媒体的精准营销等；另一方面，企业还需要注重与消费者的互动和沟通，与消费者建立更加紧密的关系，如通过社交媒体、客服系统等渠道收集消费者反馈的信息，及时调整产品和服务。这种以消费者为中心的商业模式创新，不仅能增强企业的市场竞争力，还可以提升消费者的忠诚度和满意度。

（三）市场竞争的加剧

市场竞争的加剧也是推动数字化企业经营模式创新的重要因素。在全球化背景下，市场竞争日益激烈，企业面临着来自国内外同行的巨大压力。为了保持竞争优势，企业必须不断创新经营模式，寻求新的增长点。

数字化企业经营模式创新为企业提供了差异化竞争的机会。通过运用新技术、新思维和新方法，企业可以创造出独特的产品和服务，满足消费者的特殊需求，从而在市场上脱颖而出。

（四）政策环境和社会趋势的支持

政策环境和社会趋势也为数字化企业经营模式创新提供了有力支持。随着数字经济的快速发展，各国政府纷纷出台相关政策措施来支持数字经济和创新创业。这些政策包括税收优惠、资金扶持、创新创业服务等，为企业提供了良好的创新环境和条件。

同时，社会趋势的变化也为数字化企业经营模式创新提供了广阔的空间。随着人们对可持续发展、绿色经济等问题的关注不断增加，企业高度关注这些社会趋势并将其融入企业经营模式创新中。例如，一些企业通过数字化手段优化供应链管理、降低能耗和减少废物排放等，进而实现绿色发展；还有一些企业通过构建共享经济平台推动资源的有效利用和共享。

综上所述，数字化企业经营模式创新的驱动因素是多方面的，它们相互交织、相互促进，共同推动了现代企业经营模式的变革与创新。在未来的发展中，企业需要密切关注这些驱动因素的变化趋势，并灵活运用新技术、新思维和新方法来推动自身经营模式的创新，以适应市场变化并保持竞争优势。

三、未来展望

未来，随着5G、人工智能、区块链等新兴技术的发展，数字化企业经营模式将进一步深化创新。企业需持续关注技术前沿，灵活调整发展战略，保持竞争优势。随着技术的不断更新迭代和应用的不断深化，数字化企业经营模式创新将为企业带来更多的创新机会和发展空间。

趋势一：5G技术的广泛应用。5G技术的高带宽、低延迟和大规模连接能力，将为企业的数字化转型提供更强大的技术支撑。企业可以利用5G技术实现更高效的物联网应用和更智能的生产制造，提高运营效率和服务质量。

趋势二：人工智能技术的深入应用。随着人工智能技术的不断发展，企业将实现更加智能化的业务流程和决策支持。人工智能将深入企业运营的各个环节，从产品设计、生产制造到市场营销和客户服务，全面提升企业的运营效率和客户体验。

趋势三：区块链技术的创新应用。区块链技术的去中心化和不可篡改等特性，将为企业的数字化经营模式创新提供更多可能。企业可以利用区块链技术实现更安全、透明和高效的交易和合作，提升业务的可信度和效率。

四、小结

数字化企业经营模式创新是企业应对未来挑战，实现数字化转型和可持续发展的重要途径。通过有效应用数字化技术，企业可以提高运营效率，创造新的经济价值。未来，企业应继续加大对数字化技术的投入，不断探索和创新企业经营模式，保持竞争优势，实现可持续发展。

数字化企业经营模式创新不仅是企业适应市场变化和技术进步的必然选择，也是企业实现长效发展的重要战略。通过不断探索和实践，企业可以找到适合自身发展的数字化转型路径，实现市场经济条件下数字化企业经营模式的持续创新和升级。

第四节　数字化转型中的企业文化创新升级

创新升级是企业文化发展的不竭动力。随着科技的飞速发展，数字化已经成为企业转型升级的必经之路。在企业数字化转型的过程中，企业文化的创新升级显得尤为重要。企业文化不仅是企业内部的行为准则和价值体系，更是推动企业持续发展的核心动力。随着时代的进步和企业的数字化转型，企业文化早已不是简单的口号或标语，而是成为推动企业持续发展的核心力量。创新升级在企业文化的发展中扮演着至关重要的角色，它是企业文化不断发展升级的源泉，也是企业应对市场变革的有力武器。本节将探讨在企业数字化转型进程中企业文化创新升级的主要作用，及其助力企业适应新时代发展需求的具体表现。

一、企业文化创新升级的重要意义

企业文化的创新升级并非空洞的口号，它需要具体落实到企业运营的各个方面。首先，在产品与服务上，企业文化创新升级可助力企业不断探索新的市场需求，通过技术研发和设计优化，提供更具竞争力的产品和服务。其次，在管理模式上，企业文化创新升级可助力企业摒弃僵化的层级结构，采用更加灵活高效的组织形式，如扁平化管理、跨部门协作等，以适应市场的快速变化。最后，在员工培养上，企业文化创新升级有助于员工的多元化发展，提供丰富的培训和学习机会，激发员工的创新意识，增强员工的实践能力。

二、企业文化创新升级在激发员工创造力方面的作用

鼓励创新的企业文化能够极大地激发员工的创造力。企业可以通过设立创新奖励机制，鼓励员工提出新的想法和解决方案。同时，还要提供必要的资源和支持，让员工有机会将创新想法转化为实际成果。这种鼓励创新的环境不仅能够增强员工的归属感和成就感，还能为企业带来源源不断的创新动力。

（一）提供创新平台与机会

数字化转型为企业搭建了一个更加开放和包容的创新

平台。在这个平台上，员工有更多的机会参与各种创新项目，提出自己的想法和解决方案。

通过引入先进的数字化工具和技术，企业的创新过程更加高效和便捷，从而鼓励员工积极探索和尝试。

（二）增强员工的创新意识

企业文化创新升级往往伴随着企业对创新的重视和推崇。这种创新氛围会潜移默化地影响员工，使他们深入认识到创新的重要性，并愿意主动寻求创新的机会。

企业文化创新升级会引导企业定期举办创新培训和分享会，这可以帮助员工开拓思维，了解行业前沿动态，从而激发他们的创新意识。

（三）完善激励与认可机制

在企业文化创新升级的过程中，企业通常会建立更加完善的激励和认可机制。当员工的创新成果得到及时的认可和奖励时，他们的创新动力会大幅增强。

这种正向反馈不仅鼓励了员工个人的创新行为，还能在整个团队或组织内形成积极创新氛围。

（四）促进跨部门协作与交流

数字化转型推动了企业文化创新升级，也加强了企业内部的跨部门协作。当不同部门的员工有机会共同工作时，他们之间的思维碰撞更容易产生创新的火花。

在定期的交流会和研讨会上，员工可以分享自己的经验和知识，从而拓宽创新思路，促进跨部门协作与交流。

三、企业文化创新升级在提升企业竞争力方面的实际应用

面对激烈的市场竞争，企业文化创新升级是提升企业竞争力的关键。企业可以通过引入先进的技术和管理理念，不断创新升级企业文化，进而优化生产流程和服务体系，提高产品质量和客户满意度。同时，积极参与行业交流和合作，吸收外部的优秀经验和资源，不断拓展自身的业务领域和市场份额。这些举措不仅能够提高企业的运营效率和市场竞争力，还能为企业的长远发展奠定坚实的基础。

四、企业文化创新升级在促进企业长远发展方面的作用

企业文化创新升级不仅关注当前的市场表现，更注重企业的长远发展。为了实现可持续发展，企业需要制定明确的发展战略和目标，包括明确的市场定位、业务拓展计划、技术研发投入及人才培养策略等。通过不断创新升级企业文化，企业可以不断调整和优化自身的战略方向和实施路径，以适应市场的变化和满足客户的需求。同时，积极承担社会责任，履行环境保护义务，创造良好的企业形象和品牌声誉。

五、企业文化创新升级可塑造企业美好未来

不断创新升级的企业文化不仅关注企业的经济利益，更致力于塑造更加美好的未来。通过不断创新升级企业文化，企业可以推动行业的进步和社会的发展。例如，开发更加环

保、节能的产品和服务，推动绿色生产和可持续发展；利用先进的技术手段提升人们的生活质量和健康水平；积极参与公益事业和承担社会责任项目等。这些举措不仅能够提升企业的社会价值和影响力，还能为社会的繁荣和进步做出贡献。

综上所述，创新升级是企业文化发展的核心动力。通过观察企业将文化创新升级具体落实到产品与服务、管理模式、员工培养，以及激发员工创造力、提升企业竞争力、促进企业长远发展和塑造企业美好未来等方面的努力，我们可以看到不断创新升级的企业文化是如何推动企业持续成长和进步的。因此，企业应该坚定地走文化创新升级之路，不断探索和实践新的理念和方法，以适应新时代的发展需求并创造更加美好的未来。

第五节　数字化生态系统的构建案例

在数字化时代，企业之间的界限逐渐模糊，传统的线性供应链正在向网络化、协同化的企业生态系统转变。作为一个集成供应商、客户、合作伙伴等多方资源的平台，数字化生态系统正成为企业持续发展和创新的关键。数字化生态系统的构建，首先依赖于大数据、云计算、物联网等先进技术的支撑。这些技术使得企业能够实时收集、分析和利用数据，从而更精准地洞察市场需求，优化资源配置。此外，生态系统的参与者也是关键要素，包括供应商、客户、合作伙伴等，他们通过信息共享和协同工作，共同推动生态系统的繁荣发展。

构建数字化生态系统是企业适应数字化时代要求，提升竞争力的重要途径。通过明确战略定位、选择合适的合作伙伴、建立信息共享和协同机制，以及持续优化和创新等关键步骤，企业可以打造一个高效、灵活且富有创新力的数字化生态系统。这将有助于企业在激烈的市场竞争中保持领先地位，实现可持续发展。

一、腾讯数字化生态系统的构建

（一）战略定位与目标

（1）战略定位：腾讯的战略定位是成为全球领先的科技企业，通过技术和创新为用户提供全方位的互联网服务和产品。

（2）目标：构建一个综合、互联、智能的数字化生态系统，涵盖社交、娱乐、金融、企业服务等众多领域，以满足用户不断增加的多样化需求。

（二）拓展生态系统

（1）合作伙伴选择。腾讯通过精准选择合作伙伴来扩展生态系统。例如，与游戏开发商合作推出多款热门游戏，与音乐版权方合作打造音乐平台，还与金融机构、零售商等建立合作关系，共同探索金融科技和电商领域。

（2）投资与收购。腾讯通过投资和收购进一步增强了其生态系统的实力。例如，它投资了多家国内外优秀的游戏公司、电商平台和在线教育企业，并将这些服务整合到自己的生态系统中。

（三）信息共享与协同工作

（1）开放平台。腾讯的开放平台为第三方开发者和企业提供了丰富的 API、SDK 和开发工具，促进了信息共享和应用的快速开发。

（2）数据互通。在保护用户隐私的前提下，腾讯实现了生态系统内各服务间的数据互通，提升了用户体验和服务效率。

（四）持续创新与优化

（1）产品创新。腾讯不断推出创新的产品和服务，如微信小程序、企鹅影视、腾讯云等，丰富了生态系统的内容。

（2）技术优化。通过持续的技术研发投入，腾讯优化了其云计算、大数据、人工智能等技术，为生态系统提供了强大的技术支撑。

（五）生态系统的成果与影响

（1）用户规模。腾讯的产品和服务已经拥有数十亿用户，其社交平台如微信、QQ 等已成为人们生活中不可或缺的一部分。

（2）商业价值。通过广告和付费服务，腾讯实现了显著的商业变现。例如，2022 年腾讯金融科技及企业服务的收入达到了数百亿元，成为其重要的营收来源。

（3）社会影响。腾讯的数字化生态系统不仅推动了互联网行业的发展，也为社会创造了大量的就业机会，同时还通过技术支持和公益活动对社会产生了积极影响。

综上所述，腾讯通过明确的战略定位、精准选择合作伙伴、信息共享与协同工作，以及持续的创新与优化，成功构建了一个全面、互联、智能的数字化生态系统，为用户提供了丰富的产品和服务，同时也实现了显著的商业价值，产生了积极的社会影响。

二、京东数字化生态系统的构建

京东在数字化生态系统建设方面的成果主要是数智供应链的成功打造，其突出亮点主要包括以下五个方面。

（1）数智供应链全景图。京东首次展示了数智供应链全景图，涵盖了多个应用场景和领先技术。这一全景图不仅体现了京东对供应链管理的深入理解，也展示了其在数字化实践中的全面布局。

（2）七大应用场景与领先技术。京东发布了数智供应链的七大应用场景，包括数智化基础设施、数智化采购、协同研发、智能制造、全域链接、价值服务和供应链一体化。这些场景覆盖了供应链的各个关键环节，实现了全链路的数智化。同时，京东还展示了四大领先技术，这些技术支撑着京东全球供应链的高效运转。

（3）智能软硬件产品。在长期的供应链数字化实践中，京东打造了一系列智能软硬件产品，如天狼穿梭车、地狼机器人、无人配送车等，这些产品在仓储、分拣、配送等环节发挥了重要作用，提高了供应链的自动化和智能化水平。

（4）数字化管理平台。京东建立了完善的数字化管理平台，通过大数据和智能化算法，实现了对供应链各环节的实时监控和预测。这不仅可以帮助企业准确掌握市场需求和库存情况，还能优化库存管理和供应链调度，降低库存成本，提高供应效率。

（5）供应链协同优化。京东注重与供应商的紧密合作，通过共享数据和信息，建立起供应链上下游之间的信任。这种协同优化的模式有助于实现供应链的优化和协同发展，提高整个供应链的响应速度和灵活性。

京东的数字化生态系统构建已经取得了显著成果。例如，通过运用数字化技术优化库存管理，京东实现了库存周转率的显著提升。此外，京东还通过数字化手段降低了采购成本，提高了配送效率，并为客户提供了更加个性化的服务。

京东在供应链方面的数字化实践涉及全景图布局、应用场景与技术展示、智能软硬件产品研发、数字化管理平台建设，以及供应链协同优化等多个方面。这些实践不仅提高了京东自身的供应链效率和服务质量，也为整个行业的供应链管理提供了有益的借鉴。

第六节 数据服务能力社会化共享

一、数据服务能力社会化共享的现状

数据服务能力社会化共享是一个涉及多层面的概念，它指的是将数据服务能力开放并共享给更广泛的社会群体，以实现资源的优化配置和高效利用。数据服务能力社会化

共享有助于推进企业数字化转型。以下是对数据服务能力社会化共享的详细阐述。

（一）数据服务能力的关键要素

数据服务能力涵盖了数据采集、传输、存储、处理、交换和删除等各个环节，这些环节共同构成了数据生命周期管理。数据服务的范围广泛，既可以服务于组织内部的数据管理需求，也可以满足外部数据流通和共享的要求。

（二）数据服务能力社会化共享的意义与价值

（1）通过社会化共享，数据服务能力可以得到更广泛的利用，避免资源闲置和浪费。这有助于优化社会资源的配置，使更多的个人和组织受益于先进的数据处理技术。

（2）数据服务能力的社会化共享可以激发社会的创新活力。当更多的个人和企业能够便捷地获取和使用数据服务时，他们将有机会开发出更多创新的应用和解决方案，从而有力推动整个社会的进步和发展。

（3）通过共享数据服务能力，组织和个人可以节省采集、处理和分析数据的时间和成本。这不仅可以提高他们的工作效率，还有助于降低运营成本，从而提高其竞争力。

（三）实现数据服务能力社会化共享的途径

（1）通过建立开放的数据服务平台，允许第三方开发者和企业接入并使用数据服务。这可以促进数据的流通和共享，同时助力更多创新应用的诞生。

（2）要实现数据服务能力的社会化共享，就要制定统一的数据格式和交换标准。这将有助于提高不同系统之间的兼容性，从而实现数据的无缝对接和共享。

（3）在共享数据服务能力的过程中，必须加强对数据的保护和安全防范措施，包括采用先进的加密技术、访问控制机制和数据备份策略等，以确保数据的完整性和安全性。

（四）数据服务能力社会化共享面临的挑战与应对策略

尽管数据服务能力社会化共享具有诸多优势，但在实施过程中仍面临一些挑战。例如，不同组织和个人的数据隐私和安全问题需要得到妥善解决；同时，如何确保数据的质量和准确性也是一个重要问题。为了应对这些挑战，我们需要采取一系列措施，如加强法律法规建设，完善数据治理体系，以及提升公众对数据共享的认知和信任度等。

综上所述，数据服务能力社会化共享是一个具有深远意义的发展趋势。通过优化资源配置、促进创新与发展，以及提高效率和降低成本等方式，可以充分发挥数据服务能力的潜力，并推动社会的进步与发展。

二、实现数据服务能力社会化共享的重要性

（一）推动科技进步和创新发展

数据服务能力社会化共享为科学研究、技术开发和创新创业提供了强大的支持。通过共享数据服务，科研机构和企业可以更方便地获取所需的数据资源和分析工具，从而加快科研进程，促进新技术的产生和应用。这种共享模式有助于打破数据孤岛，形成创新合力，推动整个社会的

科技进步和创新发展。

（二）优化资源配置和提高效率

数据服务能力社会化共享可以实现资源的优化配置。通过共享数据服务能力，不同行业和地区可以根据实际需求灵活调配资源，避免资源的重复建设和浪费。同时，共享数据服务能力还可以提高数据处理和分析的效率，因为专业化的数据服务提供商通常拥有更先进的技术和更丰富的经验，能够为用户提供更高效、更准确的数据处理服务。

（三）促进经济发展和产业升级

数据服务能力社会化共享对经济发展和产业升级具有积极的推动作用。一方面，共享数据服务能力可以降低企业获取和使用数据的成本，提高企业的竞争力；另一方面，数据服务作为一个新兴产业，其自身的发展也能带动相关产业链的发展，创造更多的就业机会和更高的经济效益。此外，数据服务还能帮助企业更好地了解市场需求和消费者行为，制定更精准的营销策略，从而推动产业转型升级。

（四）提升公共服务的质量和效率

在公共服务领域，数据服务能力社会化共享同样具有重要意义。政府和社会机构可以通过共享数据服务来优化城市规划、交通管理、公共安全等方面的决策和服务，从而提升公共服务的质量和效率。例如，通过共享交通数据，城市管理者可以更好地监测交通流量并进行相应调节，提高交通运输的效率和安全性；通过共享医疗数据，医疗机构可以提供更精准的诊断和治疗方案，提高医疗服务质量。

（五）推动企业数字化转型和应对全球性挑战

数据服务能力社会化共享有利于推动企业数字化转型，有助于应对全球性问题，如气候变化和环境保护等。通过共享气候和环境数据，科学家和政策制定者可以更好地了解气候和环境问题，进而制定相应的政策和措施来解决问题。这种跨地区、跨国的合作与共享，对于应对全球性挑战具有重要意义。

数据服务能力社会化共享在推动社会创新和进步、优化资源配置和提高效率、促进经济发展和产业升级、提高公共服务质量和效率，以及应对全球性挑战等方面都具有重要的作用。因此，我们应该积极推动数据服务能力的社会化共享，以更好地利用数据资源，促进社会的发展和进步。

三、数据服务能力的社会化共享措施和建议

（一）建立完善的政策法规体系

（1）制定有关数据共享的政策和法规，明确数据所有权、使用权和经营权，为数据共享提供法律保障。

（2）确立数据共享的标准和规范，包括数据格式、数据质量、数据交换等，以确保不同系统之间的数据能够互通互用。

（二）构建高效的数据共享平台

（1）建设集中式或分布式的数据共享平台，提供标准

化的数据接口和工具，以方便数据的交换和利用。

（2）平台应具备高效的数据处理能力，包括数据采集、存储、分析和可视化等功能，以满足用户多样化的数据需求。

（三）加强数据安全和隐私保护

（1）采用先进的安全技术，如数据加密、访问控制、安全审计技术等，确保数据在传输、存储和使用过程中的安全性。

（2）严格遵守隐私保护法规，保护个人隐私信息不被泄露和滥用。

（四）提高数据质量和管理水平

（1）建立数据质量管理体系，确保数据的准确性、完整性和一致性。

（2）定期对数据进行清洗、整合和更新，以保持数据的时效性和可用性。

（五）推动跨部门和跨行业的合作

（1）鼓励政府、企业、科研机构等各方共同参与数据共享，打破行业壁垒，实现数据互通有无。

（2）建立合作机制，明确各方的职责和利益分配方式，以确保合作的持久性和稳定性。

（六）加强宣传和培训

（1）通过多种渠道宣传数据共享的重要性和意义，提高公众对数据共享的认知度和接受度。

（2）定期对参与数据共享的人员进行培训，提升他们的数据素养和技能。

综上所述，要确保数据服务能力社会化共享顺利进行，需要从政策法规、平台建设、安全保障、数据质量、合作机制，以及宣传培训等多个方面入手。只有这些方面都得到充分的保障和落实，才能推动数据服务能力社会化共享的顺利进行。

四、数据服务能力社会化共享案例

（一）智慧城市的建设

智慧城市建设是实现企业数字化转型必不可少的外部环境。在智慧城市的建设中，数据共享起到了至关重要的作用，极大地提高了城市管理的效率和响应速度。

（1）多部门数据共享。通过整合和共享城管、交通、环保等多个部门的数据，实现了城市管理的精细化和智能化。交通部门可以实时监测交通流量，通过对信号灯的智能调控减少拥堵，调节交通流量。例如，北京市交通委员会通过部署大量的摄像头和传感器，实时采集全市的交通数据，并通过智能交通系统分析和调控信号灯，提高了通行效率。环境保护部门则可以利用共享的空气质量监测数据，迅速定位污染源并采取相应的环保措施。例如，深圳市生态环境局利用城市各处安装的空气质量监测设备，实时监测空气污染水平，并在数据异常时立即采取限行、停工等措施。城市管理部门可以利用共享数据实时监测和管理城市基础设施，如路灯、垃圾处理和市政设施维护，从而提高城市运营效率和服务质量。

（2）智慧城市平台。例如，上海市建立了一个综合性的智慧城市管理平台，将公安、交通、环保等多个部门的数据整合在一起，形成了统一的数据池。这个平台不仅可以实时监测城市运行情况，还能够进行数据分析和预测，帮助城市管理者做出科学决策。通过分析城市不同区域的交通数据，优化公共交通线路和调度方案，提高交通通行效率和居民出行体验。这个系统还能通过对空气质量、噪声水平、垃圾处理等相关数据的分析，优化城市资源配置，提高城市居民的生活质量。

（3）数据服务能力社会化共享的效果。通过数据共享，城市资源得到了优化配置，各部门的协同工作效率显著提高。城市管理变得更加透明、智能和高效，居民的生活质量提高，城市运行更加安全和顺畅。应对突发事件的能力显著提升，例如，在发生交通事故时，交通管理系统能快速调整周边区域的交通流量，避免大规模堵塞。

（二）生物医药研究案例

在生物医药领域，数据共享加快了新药研发和疾病研究进程。

（1）HapMap计划。HapMap计划共享了大量人类单核苷酸多态性（SNP）数据，为复杂疾病的遗传基础研究提供了重要资源。这些数据使得科研人员能够更加深入地分析和研究疾病的遗传机理。例如，通过运用HapMap计划提供的数据，研究人员发现了一些与糖尿病、心血管疾病和癌症相关的基因变异，进而开发针对这些变异的新药，提高了药物研发的成功率。HapMap 计划提供的数据还帮助研究人员理解不同人群的遗传差异，从而开发出更具针对性的治疗方案。

（2）开放数据平台。如美国国立卫生研究院（NIH）的数据库开放共享基因组数据、蛋白质数据和临床试验数据。这些开放的数据平台使得全球的科研人员能够方便地利用这些数据，进行疾病研究和新药开发。例如，NIH 的开放数据平台为阿尔茨海默病、癌症等疾病的研究提供了丰富的数据资源，促进了科学家之间的合作和交流，加速了研究进展。科学家通过分析 NIH 提供的脑部基因数据，发现了与阿尔茨海默病相关的新基因标记，推动了该疾病的早期诊断和治疗研究。

（3）数据服务能力社会化共享的效果。数据共享缩短了新药研发周期，降低了研发成本，提高了研发成功率。科研人员能够利用共享数据进行更全面的研究，加速了对疾病机理的理解和新疗法的开发，推动了医药创新。例如，基于共享数据的联合研究成果显著增加，加快了新药的上市和新疗法的推广。

（三）气象预测案例

气象部门通过全球数据共享提高了天气预报的准确性和时效性。

（1）国际气象组织合作。世界气象组织（WMO）通过全球综合观测系统（WIGOS）共享各国的气象观测数据。

全球各地的气象站、卫星、雷达等设备采集的数据被实时传输到全球气象中心，用于天气预测和气候研究。例如，通过整合来自全球的气象数据，气象学家可以构建更准确的天气模型，提高天气预报的准确性和可靠性。例如，欧洲中期天气预报中心（ECMWF）利用全球气象数据，提供精确到小时的天气预报，大大提高了预报的准确性。

（2）灾害预警系统。通过数据共享，气象部门可以更加准确地预测极端天气事件，并及时发布预警，减少自然灾害带来的损失。例如，日本气象厅通过共享全球气象数据，成功预测了一次强台风的路径，提前发布预警，确保了人员的及时撤离和防护措施的落实。通过实时数据共享和预警系统，气象部门可以提前发布灾害预警信息，指导公众和相关部门采取防护措施，减少灾害损失。

（3）数据服务能力社会化共享的效果。数据共享提高了天气预报的准确性，有助于增强对极端天气和自然灾害的应对能力，保障人民生命财产安全。及时、准确的气象信息可以帮助政府和公众提前做好准备，减少灾害造成的损失。例如，在台风季节，通过共享数据和预警系统，可减少台风造成的人员伤亡和经济损失。

（四）社会服务信息共享案例

在社会服务领域，数据共享提高了服务效率和质量，满足了社区居民的多样化需求。

（1）社区服务平台。政府机构、社会服务组织和志愿者团体通过共享社会服务信息，可以高效地协调和分配资源。例如，上海市的社区服务平台整合了居民的健康状况、福利需求、社保信息等数据。通过这一平台，社区居民委员会可以及时了解老年居民的健康状况，并与医疗机构协调提供上门医疗服务。同时，福利院和社会服务机构可以共享数据，为有特殊需求的居民提供定制化服务，提高服务的针对性和有效性。例如，某社区通过共享数据，为老年人提供了上门医疗服务，极大地方便了老年居民。

（2）社会服务数据整合。例如，北京市建立的智慧社区平台整合了低收入家庭、失业人员、残疾人等多方面的数据。通过这一平台，社区工作人员可以及时了解居民的需求，提供精准的社会救助和服务。某社区通过智慧社区平台及时识别并帮助低收入家庭，为其提供住房补贴和就业指导，提高了居民的生活质量。

（3）数据服务能力社会化共享的效果。数据共享提升了社会服务的协调性和精准度，优化了资源配置，提高了服务效率和居民满意度。社区居民能够获得更加精准和及时的服务，提高了生活质量和幸福感。社区服务的覆盖面扩大，响应速度显著提高，居民的满意度和参与度大幅提升。

这些详细的案例展示了数据服务能力社会化共享在不同领域的广泛应用和显著成效。数据共享不仅推动了企业数字化转型，促进了资源的优化配置，提高了服务效率，加速了科研创新，还提高了公共服务的管理水平和质量，推动了社会的可持续发展。

第四章
企业数字化转型推动产业创新

第一节　企业数字化转型对产业发展的影响

一、引言

进行数字化转型是新时代背景下企业的一项重要任务，数字化转型不仅能够提高企业的生产效率，降低生产运营成本，还能推动产业创新和可持续发展。以下详细探讨企业数字化转型对产业发展的影响。

企业是产业的基础组成部分。企业的发展有助于产业的发展。在数字化时代，企业的数字化转型将推动产业发生巨大变化。不仅是工业企业需要数字化转型，农业企业、服务业企业都需要实现数字化转型，而工业企业中的制造业企业需要带头实现数字化转型。全面的企业数字化转型的发展趋势将对产业的数字化发展产生重大影响。

二、企业数字化转型将推动产业全面数字化

党的二十届三中全会通过的《中共中央关于进一步全面深化改革　推进中国式现代化的决定》指出："加快构建

促进数字经济发展体制机制，完善促进数字产业化和产业数字化政策体系。加快新一代信息技术全方位全链条普及应用，发展工业互联网，打造具有国际竞争力的数字产业集群。促进平台经济创新发展，健全平台经济常态化监管制度。建设和运营国家数据基础设施，促进数据共享。加快建立数据产权归属认定、市场交易、权益分配、利益保护制度，提升数据安全治理监管能力，建立高效便利安全的数据跨境流动机制。”

在各行各业的企业实现数字化转型之后，我国各产业的发展将全面走向数字化，构成数字经济发展的全面产业化基础。这就是说，将在各个行业企业数字化转型的基础上，实现农业发展数字化、工业发展数字化和服务业发展数字化。

（1）农业发展数字化就是要建成数字农业。数字农业的概念萌芽可追溯至20世纪90年代，主要是指在地学空间和信息技术支撑下形成的集约化、信息化的现代农业技术得到广泛应用的产业状态，即数字农业是指将遥感、地理信息系统、全球定位系统、计算机技术、通信和网络技术，以及自动化技术等高新技术与地理学、农学、生态学、植物生理学、土壤学等基础学科有机结合起来，实现在农业生产过程中对农作物、土壤从宏观到微观的实时监测，进而对农作物生长、发育状况、病虫害、水肥状况及相应的环境进行定期信息获取，生成动态空间信息系统，对农业生产中的现象、过程进行模拟，达到合理利用农业资源，降低生产成本，改善生态环境，提高农作物产量和质量的目的。发展数字农业需要充分将数字技术应用于农业生产，其中包括将数字化的传感设备、自动化控制设备应用于农田生产作业之中，同时利用计算机技术控制气象监测设备，采集田间土壤墒情、气象信息、作物长势信息，由此形成包括农田气象监测系统、农田土壤监测系统、农田灾害监测系统、农田水利灌溉系统和施肥系统、农田技术服务系统、农产品市场销售系统的一体化智能生产模式。数字农业的生产模式明显区别于传统的农业生产模式。数字农业生产不仅对农业劳动者提出走向数字化的基本要求，而且为农业劳动者带来一种全新的劳动体验。从大田生产到售后服务，全部利用数字技术控制，使农业生产逐步满足标准化和规模化的现代农业发展要求。

（2）工业发展数字化就是要建成数字工业。数字工业就是指将数字技术用于工业生产各个部门并与现有工业技术相结合的引导工业经济发展的产业状态。在现代市场需求日益多样化和个性化的经济环境中，工业企业需要更加灵活和快速地响应客户需求。传统的批量化生产模式已经无法满足消费者日益增长的个性化和定制化需求，工业企业需要通过数字化技术实现生产的柔性化和个性化。这些新技术包括物联网技术、大数据技术、人工智能技术、云计算技术等，新技术的应用将使工业企业数字化转型为产业的数字化发展提供强大的动能。随着全球经济的不断发展，各个国家的数字经济发展有了更强劲的推动力，我国工业的数字化发展也进入了关键时期。为了更好地实现工业企业的数字化转型，我国政府部门出台了很多支持工业企业数字化转型的政策，有力地支持了数字工业的建设。从战略全局的角度考察，数字工业建设需要在工业企业数字化转型基础上进行必要的顶层设计，使企业明确数字工业建设的总体目标、路径和步骤，还要充分发挥各个行业协会的作用，根据各行业企业的实际情况，制定详细的技术规划，明确数字化转型需要引入的数字技术、技术实施的步骤和时间节点。此外，数字工业建设还需要各个行业做出组织保障，成立专门的数字化发展指导小组，明确具体工作任务，确保全国工业数字化建设的顺利推进。

（3）服务业发展数字化旨在构建数字服务业新业态。数字服务业是在服务业企业全面实现数字化转型的基础上形成的。数字服务业是指将数字技术深度应用于服务业各细分领域，通过与现有业务体系有机融合，引领服务业创新发展的新型产业形态。数字服务业建设的基础是走向市场化经营的各个行业的服务业企业完成数字化转型。数字服务业建设在当今数字化时代发挥着不容忽视的作用。服务业企业的数字化转型是推进数字服务业建设的主要驱动力。数字服务业涵盖了广泛的服务领域，包括电子商务、在线教育、娱乐服务、快递服务、技术服务、司法服务、医疗服务、市场中介服务、金融服务、旅游服务等，对人们的生活和工作方式产生了深远的影响。数字服务业的优势在于其便捷性、高效性和个性化。通过互联网和移动设备，消费者可以随时随地获取各类数字化服务企业提供的服务，不再受限于地理位置和时间。这大大提高了服务的可及性和便利性，为消费者提供了更好的体验。同时，数字服务能够快速处理海量数据，实现精准营销和服务，进一步提高了服务效率和客户满意度。数字服务业的形成也催生了一系列新的服务业模式，例如，共享经济、平台经济等新型企业经营模式在数字化服务的支持下迅速崛起，为消费者和企业提供了更多的选择。同时，数字服务业创造了大量的灵活就业机会，为许多人提供了新的职业发展路径。这一切都取决于服务业企业数字化转型发展起到的带动产业发展的作用。当然，数字服务业的发展也面临着一些现实的挑战。数据安全和隐私保护等问题成为人们关注的焦点，需要采取有力措施加以解决。总之，数字服务业已经成为数字经济的主要组成部分，为人们的生活和工作带来了巨大的便利。在未来，随着服务业企业应用的数字技术不断进步和应用领域的不断拓展，数字服务业将继续发挥重要的市场化作用，有力推动国民经济发展和社会文明进步。

三、推动服务业在国民经济中所占比重稳步提升

我国“十四五”规划指出：“聚焦产业转型升级和居民消费升级需要，扩大服务业有效供给，提高服务效率和服务品质，构建优质高效、结构优化、竞争力强的服务产业新体系。”

（1）推动生产性服务业融合发展。以服务制造业高质量发展为导向，推动生产性服务业向专业化和价值链高端延伸。聚焦提高产业创新力，加快发展研发设计、工业设计、商务咨询、检验检测认证等服务。聚焦提高要素配置效率，推动供应链金融、信息数据、人力资源等服务创新发展。聚焦增强全产业链优势，提高现代物流、采购分销、

生产控制、运营管理、售后服务等服务行业的发展水平。推动现代服务业与先进制造业、现代农业深度融合，促进业务关联、链条延伸、技术渗透，支持智能制造系统解决方案、流程再造等新型专业化服务机构发展。培育具有国际竞争力的服务企业。

（2）加快生活性服务业品质化发展。以提升便利度和改善服务体验为导向，推动生活性服务业向高品质和多样化升级。加快发展健康、养老、托育、文化、旅游、体育、物业等服务业，加强公益性、基础性服务供给，扩大覆盖全生命周期的各类服务供给。持续推动家政服务业提质扩容，与智慧社区、养老托育等融合发展。鼓励商贸流通业态与模式创新，推进数字化智能化改造和跨界融合，线上线下全渠道满足消费者需求。加快完善养老、家政等服务标准，健全生活性服务业认证认可制度，推动生活性服务业诚信化、职业化发展。

（3）深化服务领域改革开放。扩大服务业对内对外开放，进一步放宽市场准入，全面清理不合理的限制条件，鼓励社会力量扩大多元化、多层次的服务供给。完善支持服务业发展的政策体系，创新适应服务新业态、新模式和产业融合发展需要的土地、财税、金融、价格等政策。健全服务质量标准体系，强化标准的贯彻执行和推广。加快制定重点服务领域监管目录、流程和标准，构建高效协同的服务业监管体系。完善服务领域人才职称评定制度，鼓励从业人员参加职业技能培训和鉴定。深入推进服务业综合改革试点和扩大开放。

总之，数字服务业发展是数字经济建设的重头戏。随着各行各业企业数字化转型的推进，服务业占国民经济的比重将进一步提升，服务业产值在国内生产总值中所占的比重将越来越高。这既是数字服务业企业数字化转型在数字经济建设中不断发挥作用的结果，也是农业企业和工业企业数字化转型提高生产效率的结果。这就是说，服务业在国民经济中所占比重提高是现代经济的标志。在数字化时代，工业化发展的结果不是提高工业经济在国民经济中的比重，而是直接促进服务业在国民经济中的比重提升。尤其是在各个领域的企业走向数字化转型之后，将全面促进产业结构发生变化，使农业和工业在国民经济中所占比重进一步下降，使数字服务业在数字经济建设中起到越来越大的作用，使现代市场经济建设呈现现代化的产业结构。

第二节　构建工业互联网

作为数字经济建设的核心，工业企业的数字化转型将构建市场经济条件下的数字化工业互联网。工业互联网是指通过信息技术和先进制造技术的融合，建立起智能化、网络化的工业生态系统。工业互联网能够实现设备、系统、产品、人员和流程的全面互联互通，为企业提供强大的数字支撑，全面提高生产效率、产品质量和企业管理水平。

一、构建工业互联网的意义

随着全球制造业的快速发展和市场竞争的加剧，工业企业面临着越来越多的挑战。构建工业互联网，打造数字支撑，是提升企业竞争力、实现智能制造的重要途径。其必要性有以下几点。

（1）提高生产效率。通过实现设备和系统的互联互通，企业可以优化生产流程，减少生产环节的冗余和浪费，提高生产效率。

（2）提高产品质量。工业互联网通过数据采集和分析，可以实现生产过程的实时监控和质量控制，及时发现和解决质量问题，提高产品质量。

（3）降低运营成本。通过智能化和网络化的管理，企业可以优化资源配置，减少能源消耗和材料浪费，降低运营成本。

（4）提高灵活性和响应速度。工业互联网能够实现生产过程的柔性化和智能化，快速响应市场和客户的个性化需求，提高企业的市场竞争力。

（5）推动创新和转型。工业互联网为企业提供了丰富的数据资源和强大的技术支撑，推动企业在业务模式、产品和服务等方面的创新和转型，从而实现可持续发展。

二、构建工业互联网的技术保障

构建工业互联网需要依赖一系列关键技术的应用，包括物联网、5G 通信、工业互联网平台、边缘计算、数字孪生等技术。

（1）物联网技术是工业互联网的基础，通过将各类设备和系统连接到互联网，实现数据的实时采集、传输和处理。应用场景包括设备监控、环境监测、远程控制等。

例如，某制造企业通过物联网技术，将生产设备和环境传感器连接到统一的管理平台，实时监控设备运行状态和生产环境，及时发现和处理异常情况，提高了生产效率和产品质量。

（2）5G 通信技术具有高速率、低时延、大连接等特点，为构建工业互联网提供了强大的通信保障。应用场景包括实时数据传输、远程控制、无人驾驶等。

例如，某汽车制造企业运用 5G 通信技术，实现了生产线上的机器人和自动化设备的实时通信和控制，大幅度提高了生产线的灵活性和响应速度。

（3）工业互联网平台通过集成和管理各种工业数据和应用，为企业提供数据分析、决策支持和应用开发等服务。应用场景包括设备管理、生产优化、质量控制等。

例如，某电力设备制造企业通过工业互联网平台，集成了设备运行数据、生产数据和质量数据，实现了设备的远程监控和预测性维护，提高了设备的运行效率并延长了使用寿命。

（4）边缘计算技术通过在数据源头进行初步数据处理和分析，减少数据传输的时延和带宽需求，提高数据处理效率和响应速度。应用场景包括实时监控、智能控制、数据过滤等。

例如，某化工企业通过边缘计算技术，在生产现场进行实时数据处理和分析，实现了生产过程的智能化监测和控制，提高了生产效率和安全性。

（5）数字孪生技术通过构建物理设备和系统的虚拟模型，实现物理世界和数字世界的实时映射和互动。应用场景包括设备仿真、故障诊断、预测性维护等。

例如，某航空发动机制造企业通过数字孪生技术，构建了发动机的虚拟模型，实现了发动机的全生命周期管理和故障预测，提升了发动机的可靠性和维护效率。

三、数字化转型引领企业未来

在数字化转型的浪潮下，智能制造已成为推动制造业高质量发展的核心驱动力。图 4–1 以“数字化转型引领企业未来”为核心主题，展示了企业在数字化浪潮中的发展方向和实践路径。图 4–1 通过分层结构清晰地描绘了企业数字化转型的关键要素及相互关系，涵盖了技术应用、业务创新和未来趋势等多个维度。

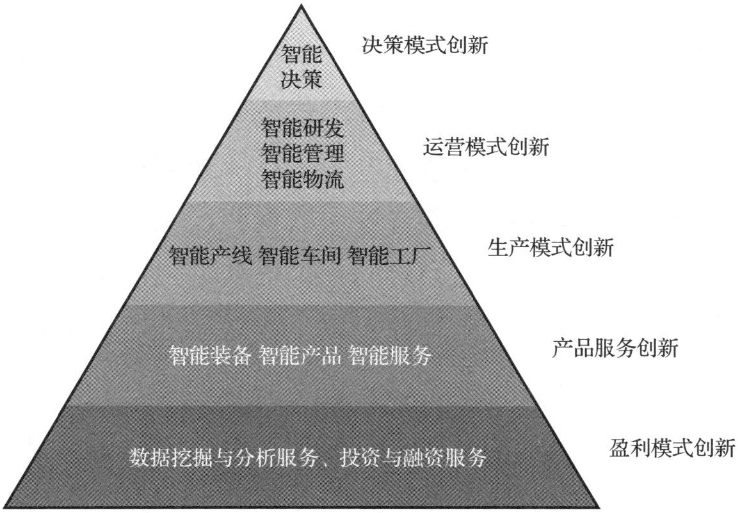

图 4–1 数字化转型引领企业未来

（一）企业数字化转型的技术支撑体系

企业数字化转型的核心驱动力来自新一代信息技术的

广泛应用，包括物联网、云计算、大数据、人工智能和区块链等。物联网技术实现了设备、产品和系统的全面互联，为企业提供了实时数据采集和监控能力；云计算技术为企业提供了弹性可扩展的计算资源，支持大规模数据存储和处理；大数据技术通过对海量数据的分析和挖掘，为企业决策提供了科学依据；人工智能技术则通过智能算法优化生产流程、提升运营效率；区块链技术确保了数据的安全性和可追溯性。这些技术共同构成了企业数字化转型的基础设施，为企业实现智能化、网络化和数字化提供了坚实的技术保障。

（二）企业数字化转型在业务层面的创新应用

企业数字化转型不仅仅是技术的迭代升级，更是对企业业务流程、管理模式和商业模式的全面重构。在制造领域，智能工厂通过物联网和人工智能技术实现了生产过程的自动化和智能化，显著提升了生产效率和产品质量；在供应链领域，智能供应链通过大数据和区块链技术实现了供应链全流程的透明化和协同化，提高了供应链的响应速度和资源配置效率；在服务领域，智能运维通过数据分析和预测性维护技术实现了设备运维的智能化和高效化，降低了运维成本和设备故障率。此外，数字化转型还推动了企业商业模式的创新，例如基于数据的增值服务、平台化运营和个性化定制等，为企业开辟了新的盈利增长点。

（三）企业数字化转型为企业带来的价值

数字化转型不仅能够提升企业的运营效率和竞争力，

还能够推动企业可持续发展。通过数字化转型，企业能够实现资源的优化配置和能源的精细化管理，降低生产成本和能源消耗，提高企业的经济效益和环境效益。同时，数字化转型还能够提高企业的市场响应能力和客户服务水平，通过数据驱动的精准营销和个性化服务，提升客户满意度和忠诚度。从长远来看，数字化转型将推动企业向智能化、绿色化和服务化方向转型升级，为企业在未来的市场竞争中赢得先机。

综上所述，企业数字化转型不仅是技术应用的升级，更是对企业业务流程、管理模式和商业模式的全面重构，可以显著提高企业的运营效率和经济效益，同时也可以为企业的可持续发展奠定坚实基础。在未来，数字化转型将继续引领企业向智能化、绿色化和服务化方向迈进，成为企业实现高质量发展的重要引擎。

四、工业互联网的构建案例

工业互联网在各类工业企业中得到了广泛应用，不同企业根据自身的特点和需求，采取了不同的策略和措施。以下是一些应用案例分析。

（一）智能工厂：推动制造业智能化升级

某电子制造企业通过全面实施智能工厂战略，成功实现了生产过程的智能化和自动化转型，显著提高了生产效率和产品质量。具体措施包括三个方面：①企业通过物联网技术，将生产线上的所有设备接入统一的管理平台，实现了对设备运行状态的实时监控和远程管理。这一举措不仅提高了设备的利用率，还缩短了因设备故障导致的停机时间。②企业引入人工智能技术，优化生产调度和资源配置。通过智能算法分析生产任务和设备状态，系统能够自动生成最优的生产计划，使生产效率提高了20%以上。此外，企业还利用大数据技术对生产过程中的质量数据进行实时监控和分析，建立了质量预警机制，及时发现并解决潜在的质量问题，将产品不良率控制在0.1%以下。③企业部署了能耗监测系统，实时监控工厂的能源消耗情况，并通过数据分析优化能源使用策略，年节约能源成本达15%，显著降低了生产成本。

（二）智能供应链：提升供应链协同效率

某汽车零部件制造企业通过构建智能供应链体系，大幅提高了供应链的透明度和响应速度，为企业创造了显著的竞争优势。具体措施有：①企业利用云计算和大数据技术，搭建了供应链协同平台，实现了与上下游企业的数据共享和业务协同。通过该平台，企业能够实时掌握供应商的库存状态、生产进度和物流信息，从而优化采购计划和库存管理，将供应链协同效率提升了30%。②企业结合物联网和区块链技术，构建了物流追溯系统，实现了对物流全流程的实时跟踪和信息记录。这一举措不仅提高了物流信息的透明度，还确保了数据的不可篡改性和可追溯性，有效降低了物流风险。③企业通过大数据分析技术，优化了库存管理策略，建立了动态库存模型，根据市场需求和供应链状态自动调整库存水平，使库存周转率提高了25%，资金利用效率显著提高。

（三）智能运维：实现设备运维的智能化转型

某电力设备制造企业通过部署智能运维系统，实现了设备运维的智能化和高效化，显著提升了设备的可靠性和运维效率。具体措施有：①企业通过物联网技术，在关键设备上部署了大量传感器，实时采集设备的运行状态和性能数据，并利用智能算法对数据进行分析，实现了对设备异常的实时预警和快速响应。这一举措使设备故障率降低了 40%，有效缩短了非计划停机时间。②企业引入人工智能技术，构建了设备故障预测模型。通过分析设备的历史运行数据和实时数据，系统能够准确预测设备的故障风险，并自动生成维护计划，实现了从“事后维修”向“预测性维护”的转变，使设备维护成本降低了 25%。③企业利用云计算和大数据技术，搭建了运维管理平台，实现了设备运维数据的集中存储和分析。通过该平台，企业能够全面掌握设备的运行状态和维护历史，优化运维资源配置，使运维管理效率提高了 30%。

通过智能工厂、智能供应链和智能运维的实践案例可以看出，数字化转型正在深刻改变制造业的生产模式、管理方式和商业模式。智能工厂通过物联网、人工智能和大数据技术的应用，实现了生产过程的智能化和自动化，显著提高了生产效率和产品质量。智能供应链通过融合运用云计算、区块链和大数据技术，提高了供应链的透明度和协同效率，为企业创造了显著的竞争优势。智能运维通过物联网和人工智能技术的结合，实现了设备运维的智能化和高效化，显著提高了设备的可靠性和运维效率。这些实践不仅展示了企业数字化转型的巨大潜力，也为制造业的智能化升级提供了宝贵的经验和借鉴。未来，随着技术的不断进步和应用场景的不断拓展，企业数字化转型将继续引领制造业向更高效、更智能、更可持续的方向发展。

第三节　发展数字化产业集群

数字化产业集群是以信息化、数字化为基础，通过将企业、科研机构、政府等多个主体有机结合，形成的具有高度协同能力和创新能力的产业生态系统。通过发展数字化产业集群，企业可以共享资源、互补优势，推动整体竞争力的提升。

一、发展数字化产业集群的意义

数字化产业集群是一种新的产业组织形式，旨在通过信息化、数据化手段，将地理上相对集中的企业、科研机构、政府部门等主体连接起来，实现资源共享、协同创新和价值共创。集群内的各个主体通过数字技术实现互联互通、协同合作，形成一个有机整体，共同应对市场变化和技术挑战。

在数字时代，发展数字化产业集群的意义主要有以下五个方面。

（1）提升创新能力。数字化产业集群内的企业和科研机构可以通过共享资源和信息，开展协同创新，提升整体的技术创新能力。

（2）优化资源配置。通过运用信息化和数字化手段，数字化产业集群内的各个主体可以实现资源的高效配置和利用，减少资源浪费，提高生产效率。

（3）增强市场竞争力。数字化产业集群内的企业通过协同合作，可以快速响应市场需求，提升集群内企业的市场竞争力。

（4）促进产业升级。数字化产业集群内的企业可以通过共享技术和经验，推动传统产业的数字化转型和升级，促进产业结构的优化调整。

（5）推动区域经济发展。数字化产业集群可以带动区域内相关产业的发展，促进产业链上下游紧密合作，推动区域经济的快速发展。

二、数字化产业集群发展案例

各个行业和领域都可以广泛推广和发展数字化产业集群，不同产业集群需要根据自身的特点和需求采取不同的数字化策略，以下是一些具体的产业集群发展案例。

（一）智能制造数字化产业集群

某智能制造产业集群通过全面实施数字化战略，实现了生产过程的智能化和自动化。主要措施包括以下四点。

（1）设备互联。通过物联网技术，将集群内所有生产设备连接到统一的管理平台，实现设备状态的实时监控和管理。

（2）智能生产调度。通过人工智能技术，优化生产调度和资源配置，提高生产效率。

（3）质量控制。通过大数据分析技术，实时监控和分析生产过程中的质量数据，及时发现和解决质量问题。

（4）能耗管理。通过能耗监测系统，实时监控集群内各企业的能源消耗，优化能源使用方案，降低生产成本。

（二）电子信息数字化产业集群

某电子信息产业集群通过构建数字化平台，实现了集群内企业的资源共享和协同创新。主要措施包括以下三点。

（1）云计算平台。运用云计算技术，构建集群内的云计算平台，实现数据的集中存储和分析，提高数据利用效率。

（2）数据共享。运用大数据技术，集群内企业共享市场需求、客户行为等数据，开展协同创新和产品开发。

（3）智能服务。运用人工智能技术，为集群内企业提供智能客服、智能营销等服务，提升客户满意度和市场竞争力。

（三）食品数字化产业集群

某食品产业集群通过运用区块链技术，实现了产品的全生命周期溯源和供应链管理。主要措施包括以下三点。

（1）产品溯源。通过运用区块链技术，记录产品从原材料采购、生产加工到物流运输的全流程信息，保证数据透明且不可篡改。

（2）供应链协同。通过运用物联网和大数据技术，实现供应链上下游企业的数据共享和协同运作，提高供应链的透明度和响应速度。

（3）质量追溯。通过运用大数据分析技术，实时监控产品质量数据，及时发现和解决质量问题，提高产品的质量和安全性。

三、发展数字化产业集群的策略

发展数字化产业集群需要制定科学的实施策略，确保产业集群数字化建设工作的顺利进行和建设目标的实现。以下是一些关键的实施策略。

（1）顶层设计。在数字化产业集群建设初期，需要进行顶层设计，明确建设产业集群的总体目标、路径和步骤。顶层设计应包括数字化产业集群的愿景、战略目标、实施路线图等内容。

（2）技术规划。根据产业集群的实际情况，制定详细的技术规划，明确需要引入的数字技术、技术实施的步骤和时间节点。技术规划应包括物联网、云计算、大数据、人工智能、区块链等技术的应用方案。

（3）资源整合。产业集群内的各个主体需要整合资源，形成合力，共同推动数字化集群的发展。资源整合应包括技术资源、人才资源、资金资源等的整合。

（4）平台建设。构建数字化平台，实现产业集群内企业的互联互通和资源共享。平台建设应包括云计算平台、大数据平台、工业互联网平台等的建设。

（5）协同创新。产业集群内的企业和科研机构需要加强协同创新，开展联合研发和技术攻关，提升产业集群的整体创新能力。协同创新应包括建设联合实验室、组建技术联盟、成立创新基金等。

（6）政策支持。政府需要出台相关政策和法规，支持和引导数字化产业集群的发展。政策支持应包括财政补贴、税收优惠、技术支持等。

（7）人才培养。产业集群内的企业需要加强人才培养，提升员工的数字素养和技能，为产业集群的发展提供人才保障。人才培养应包括技能培训、学历教育、职业认证等。

（8）评估和优化。数字化产业集群建设是一个持续的过程，集群内的企业需要定期评估建设效果，及时发现并解决问题，不断优化和调整建设策略。评估和优化应包括绩效评估、问题诊断、改进措施等。

运用数字技术发展数字化产业集群，是提升企业竞争力和实现产业升级的重要途径。通过物联网、云计算、大数据、人工智能、区块链等数字技术的应用，数字化产业集群内的企业能够实现资源共享、协同创新和价值共创，推动整体竞争力的提升。通过案例中的产业集群取得的成效，可以看到数字化产业集群为企业带来的显著效益。

第四节　智能制造产业发展分析

一、引言

“十四五”规划提出要充分发挥海量数据和丰富应用场景的优势，促进数字技术与实体经济深度融合，赋能传统产业转型升级，催生新产业新业态新模式，壮大经济发展新引擎。工业和信息化部发布的《新型数据中心发展三年行动计划（2021—2023年）》明确提出："用3年时间基本形成布局合理、技术先进、绿色低碳、算力规模与数字经济增长相适应的新型数据中心发展格局。"在过去几年中，尽管全球经济受新冠疫情影响严重，部分经济体出现大幅滑坡，但中国的数字经济却逆势而上，显示出巨大的生机和活力。中国信息通信研究院发布的《中国数字经济发展白皮书》（2021年）显示，2020年我国数字经济规模跃居世界第二，达到39.2万亿元，占GDP的比重为38.6%；数字经济增速达到GDP增速的3倍以上，成为稳定经济增长的关键动力。

二、制造业数字化转型的核心特征

（1）全面性和系统性。数字化转型是企业的全面变革，涉及企业的所有业务环节和管理层级。企业需要通过应用数字技术，实现从研发、生产、销售到售后服务的全流程数字化和智能化。全面性和系统性要求制造业企业在数字化转型过程中统筹规划、分步实施，确保各个环节的协调和配合。

（2）技术驱动和创新引领。数字化转型以数字技术为驱动，依靠技术创新推动业务模式和管理方式的变革。制造业企业通过引入和应用先进的数字技术，如人工智能、大数据、物联网、区块链技术等，提高生产效率、优化业务流程、提升客户满意度。技术驱动和创新引领要求制造业企业不断进行技术研发和创新，提升自身的技术能力和竞争力。

（3）数据驱动和智能决策。数字化转型强调数据的核心作用，企业通过对数据进行采集、存储、处理和分析，实现数据驱动的智能决策。制造业企业需要建立完善的数据管理体系，利用大数据技术对海量数据进行分析和挖掘，支持业务决策和创新。数据驱动和智能决策要求制造业企业具备强大的数据处理能力和分析能力，确保数据的准确性和可靠性。

（4）客户导向和个性化服务。数字化转型注重客户需求的满足，强调运用数字技术提供个性化的产品和服务。制造业企业要通过大数据分析，深入了解客户行为和偏好，提供定制化的解决方案和服务，提升客户满意度和忠诚度。客户导向和个性化服务要求制造业企业具备敏锐的市场洞察力和灵活的响应能力，及时调整和优化产品和服务。

（5）协同合作和生态构建。数字化转型需要企业与供应链上下游企业、科研机构和高校等进行紧密合作，共同构建数字生态系统。制造业企业通过信息共享和资源整合，可以实现协同创新和共同发展。协同合作和生态构建要求制造业企业建立开放的合作机制和平台，推动跨组织、跨行业的合作与交流。

（6）可持续发展和社会责任。数字化转型注重企业的可持续发展和社会责任。制造业企业通过数字技术的应用，提高资源利用效率，减少环境污染，实现绿色制造。同时，制造业企业在数字化转型过程中需要承担社会责任，注重环保和社会效益，推动可持续发展目标的实现。

总之，制造业数字化转型的核心特征反映了数字技术在企业中的深度应用和广泛影响。制造业企业通过数字化转型，可以实现业务流程的优化、运营管理水平的提升和市场竞争力的增强，为高质量发展奠定坚实基础。

三、我国制造业数字化转型的难点

（1）产业链协同创新格局尚未形成。在我国制造业企业的数字化转型过程中，产业链协同创新格局尚未完全形成是一个主要障碍。制造业数字化转型需要上下游企业、供应商、科研机构、高校等各方协同合作。然而，现阶段大部分制造业企业缺乏与高校和科研机构的深度合作，往往依赖自身的探索，导致科研成果难以有效转化。此外，企业间的协同创新机制不健全，缺乏系统性的协作平台和沟通渠道，造成信息孤岛，难以形成完整的产业链协同创新生态体系。这种情况不仅阻碍了技术的进步和应用，也影响了制造业整体数字化转型的效率和效果。

（2）数字化转型基础薄弱。我国制造业中小企业在数字化转型方面的基础相对薄弱。公开数据显示，超过一半的中小企业从未进行数字化转型，约有 1/4 的企业对数字化转型缺乏了解，仅有 4.39% 的中小企业基本完成了数字化转型。这种基础薄弱的情况导致企业在转型过程中面临诸多挑战。首先，缺乏必要的硬件和软件设施，使得企业无法实现数字化的基本功能。其次，企业管理层和员工对数字化转型的认识不足，缺乏数字化思维和技能，难以推动数字化项目的实施。最后，企业在数字化转型过程中缺乏系统的规划和战略，导致转型效果不佳，资源浪费严重。

（3）工业化和信息化融合程度有待加深。工业化和信息化的融合程度直接影响到制造业的数字化转型效果。尽管信息化可以提高工业创新效率，但我国制造业在“两化融合”方面仍存在诸多问题。首先，创新产出的质量偏低，结构失衡，转化效率普遍较低。我国制造业整体规模较大，但整体实力不强，低端供给过剩，高端供给不足，产品质量有待提高。其次，缺乏具有国际竞争力的领军企业，导致整个行业竞争力不足。政府在推进“两化融合”方面，虽然进行了大量基础设施建设，但在应用层面，特别是在中小企业的应用推广上，力度仍显不足。需要进一步加快5G、大数据、工业互联网和人工智能等新一代信息技术的基础设施建设，以促进工业化和信息化的深度融合。

（4）数字化转型人才缺失严重。人才是推动数字化转型的核心要素。然而，我国制造业企业在数字化转型过程中普遍面临着人才短缺的问题。首先，数字经济概念引入国内的时间较短，相关专业人才储备不足。尽管近年来国内高校纷纷设立数字经济和智能制造相关专业，但培养出一批具备实际应用能力的人才需要时间。其次，企业内部对数字化转型的认识不足，缺乏系统的培训机制，导致现有员工的数字化技能和意识不足。此外，企业在引进外部数字化人才方面也面临竞争激烈、成本高企的问题，无法有效吸引和留住高端数字化人才。这些因素导致企业在推进数字化转型的过程中缺乏必要的人才支持，转型效果不理想。

（5）资金投入不足。数字化转型需要大量的资金投入，包括硬件设施的升级、软件系统的开发，以及采购、人才引进和培训等。然而，许多制造业中小企业由于资金有限，难以承担这些高昂的成本。即使一些大企业在资金方面相对宽裕，但由于对数字化转型的投资回报率存在疑虑，导致投资意愿不足。此外，政府的财政支持力度有限，现有的政策和资金更多地倾向于支持大型企业和重点项目，而对中小企业的扶持相对较少。资金不足成为制约制造业企业数字化转型的重要瓶颈。

（6）数据安全与隐私保护问题。在数字化转型过程中，数据安全与隐私保护问题日益突出。企业在采集、存储、处理和传输数据的过程中，面临着数据泄露、网络攻击和隐私侵犯等风险。这些风险不仅会造成经济损失，还可能对企业声誉造成严重影响。现阶段，大多数制造业企业在数据安全防护方面的投入不足，技术和管理手段滞后，难以应对复杂多变的安全威胁。政府在数据安全法规和标准制定方面还需进一步完善，推动企业建立健全数据安全管理体系。

总之，我国制造业企业在数字化转型过程中面临着产业链协同创新格局尚未形成、数字化转型基础薄弱、工业化和信息化融合程度有待加深、数字化转型人才缺乏、资金投入不足，以及数据安全与隐私保护问题等诸多困境。这些问题需要政府、企业和社会各界共同努力，采取综合措施，逐步加以解决，最终推动制造业企业实现高质量的数字化转型。

四、案例：三一重工的数字化转型

自 2018 年起，三一重工开始推进数字化转型升级，提出“一切业务数据化”的战略目标，全面推进生产、研发、供应链、营销、财务等方面的数字化转型和智能升级。

（1）生产环节的数字化。在生产环节，三一重工引入了先进的物联网技术和工业互联网平台，通过安装在生产设备上的传感器实时采集生产数据。通过大数据分析技术对生产过程中的各项数据进行监控和分析，实现设备的预测性维护，缩短停机时间，提高生产效率。此外，三一重工还建设了智能工厂，采用自动化生产线和机器人技术，提高了生产的自动化水平。

（2）研发环节的数字化。在研发环节，三一重工利用数字化技术优化产品设计和研发流程。通过计算机辅助设计（CAD）和计算机辅助工程（CAE）技术，提高产品设计的精度和效率。同时，利用虚拟仿真技术对新产品进行模拟测试，减少实际试验的次数和成本，加快新产品的研发进程。此外，三一重工还搭建了协同研发平台，促进内部团队和外部合作伙伴之间的协同创新。

（3）供应链的数字化。在供应链管理方面，三一重工构建了供应链协同平台，实现供应链各环节的信息共享和协同运作。通过大数据分析，对供应链各环节的库存、生产计划、物流等进行优化管理，提高供应链的响应速度和效率。同时，利用区块链技术提升供应链的透明度和可追溯性，确保供应链的安全性和可靠性。

（4）营销和服务的数字化。在营销和服务方面，三一重工采用数字化手段提高客户体验。通过建立客户关系管理（CRM）系统，集成客户数据，实现精准营销和个性化服务。利用大数据分析技术，深入了解客户需求，提供定制化解决方案。同时，三一重工还建设了远程服务平台，通过物联网技术实时监控设备运行状态，提供预防性维护和远程诊断服务，提高售后服务的效率和质量。

（5）财务和管理的数字化。在财务和管理方面，三一重工引入了企业资源计划（ERP）系统，实现了财务、采购、生产等业务流程的一体化管理。通过运用数字化技术，对各项业务数据进行实时分析和监控，提升管理决策的科学性和准确性。同时，三一重工还推动了组织架构的扁平化，优化了内部管理流程，提高了企业的运营效率和灵活性。

（6）数字化人才的培养。三一重工高度重视数字化转型中的人才培养问题，通过内部培训和外部引进相结合的方式，提升员工的数字化素养和技能。建立了企业大学，开设了数字化相关课程，培养了一批熟悉数字化技术和业务的复合型人才。

通过以上多方面的努力，三一重工的数字化转型取得了显著成效，不仅提高了企业的生产效率和管理水平，还增强了市场竞争力和创新能力，为行业树立了标杆。未来，三一重工将继续深化数字化转型，探索更多数字化应用场景，推动企业实现更高质量的发展。

第五章
智慧企业的创立与发展

第一节　数字化转型后的智慧企业

在当今快速发展的智能时代，企业的竞争环境和规则正在发生深刻的变化。随着数字技术的飞速发展和广泛应用，企业面临着前所未有的机遇和挑战。在这样的背景下，通过数字化转型成为智慧企业，就成为企业适应新时代博弈规则的重要手段。

一、新时代的企业竞争环境变化

随着全球化和信息化的深入发展，企业的竞争环境发生了巨大变化。以下是新时代企业竞争环境的一些主要变化。

（一）全球化与市场一体化

全球化进程加速，企业的市场范围不断扩大，国际竞争日益激烈。企业不再只面对本土市场的竞争，而是需要在全球市场中寻找机会和应对挑战。

（1）市场拓展。企业需要通过数字化手段打破地理限制，将产品和服务推向全球市场。例如，亚马逊通过跨境电商平台，将商品销售到全球各地。

（2）供应链全球化。企业需要管理和优化全球供应链，确保资源的高效配置和成本控制。例如，苹果公司通过全球供应链网络，保证了产品的高质量和低成本。

（二）信息技术的广泛应用

信息技术的迅猛发展和广泛应用，使得企业的经营模式和管理方式发生了根本性的变化。大数据、云计算、物联网、人工智能等技术的应用，为企业提供了新的发展机遇和竞争手段。

（1）数据驱动。企业可以通过大数据分析技术了解市场趋势和客户需求，优化产品和服务。例如，Netflix 通过大数据分析技术了解用户观看行为，推荐个性化的影视内容。

（2）云计算。企业可以通过云计算平台提升数据处理能力和资源利用效率。例如，Salesforce 通过云计算平台提供 CRM 服务，提升了客户管理效率。

（三）消费者需求的个性化与多样化

随着消费者需求的个性化和多样化，企业需要更加灵活地调整产品和服务，满足不同消费者的需求。这就要求企业具备快速响应市场变化和实施定制化生产的能力。

（1）个性化定制。企业可以通过数字技术实现产品的个性化定制，满足不同消费者的需求。例如，耐克通过 NIKEiD 平台提供鞋类和服装的个性化定制服务。

（2）快速响应。企业需要具备快速响应市场变化的能力，及时调整产品和服务。例如，Zara通过快速时尚供应链，迅速推出新款服装，及时满足消费者的需求。

（四）经营模式的创新与变革

在信息技术的驱动下，新的企业经营模式不断涌现，传统企业面临被颠覆的风险。平台经济、共享经济、订阅经济等新兴经营模式，正在深刻改变着行业格局和企业竞争态势。

（1）企业通过搭建网络平台，整合资源和服务，提升市场竞争力。例如，阿里巴巴通过电商平台整合供应商和消费者，提高交易效率。

（2）企业通过共享经济模式，优化资源配置，提高资源利用效率。例如，Uber通过共享出行平台提高交通资源的利用效率。

（3）企业通过订阅经营模式，提升客户黏性和收入稳定性。例如，Spotify通过音乐订阅服务提供高质量的音乐体验。

（五）环境保护与可持续发展

在全球环境问题日益突出的背景下，企业面临越来越严格的环保要求和可持续发展的压力。绿色发展和社会责任成为企业竞争力的重要因素。

（1）绿色技术。企业通过采用绿色技术，提高资源利用效率，减少环境污染。例如，比亚迪通过电动汽车技术推动绿色出行和可持续发展。

（2）社会责任。企业通过履行社会责任，提升品牌形象和市场竞争力。例如，星巴克通过支持公平贸易和可持续种植提升品牌美誉度。

二、智慧企业的特征

智慧企业是指在数字化时代，企业通过数字化转型，应用先进的信息技术和数字技术，成为业务流程智能化数字化、管理决策科学化、客户服务个性化和企业运营高效化的新型企业。智慧企业不仅具备传统企业的基本特征，还具备一些新特征。

（一）数据驱动决策

智慧企业通过大数据技术收集、存储和分析大量的业务数据，为企业经营管理和决策提供科学依据。数据驱动决策可以帮助企业发现业务问题、预测市场趋势、制定精准的营销策略，提升企业的竞争力。

（1）数据收集。通过物联网和传感技术，智慧企业可以实时收集生产、销售、客户等方面的数据。例如，沃尔玛通过物联网技术实时监控库存和销售数据，优化库存管理。

（2）数据分析。通过大数据分析技术，智慧企业可以对收集的数据进行深度分析，发现业务机会和潜在风险。例如，亚马逊通过大数据技术分析用户购买行为，优化产品推荐和库存管理。

（二）智能化业务流程

智慧企业通过人工智能、物联网和自动化技术，实现业务流程的智能化和自动化，提高运营效率和服务质量。

（1）智能制造。通过智能制造系统，企业可以实现生产设备和生产线的互联互通与智能控制，优化生产流程和资源配置。例如，西门子通过智能制造技术实现了生产过程的自动化和智能化。

（2）智能物流。通过智能物流系统，企业可以实现物流过程的自动化和智能化，提高物流效率和服务质量。例如，联合包裹服务公司（UPS）通过智能物流技术实现了对快递过程的实时监控和优化调度。

（三）个性化客户服务

智慧企业通过客户关系管理系统和大数据分析技术，了解客户需求和行为特征，进而提供个性化的产品和服务，提升客户满意度和忠诚度。

（1）个性化推荐。通过运用大数据分析技术了解客户行为，智慧企业可以为客户提供个性化的产品推荐和服务。例如，Netflix 通过分析用户观看行为，推荐个性化的影视内容。

（2）客户互动。通过社交媒体和客户关系管理系统，智慧企业可以与客户进行互动，了解客户需求和反馈。例如，星巴克通过社交媒体平台与客户进行互动和沟通，提升客户满意度。

（四）敏捷的组织架构

智慧企业具备敏捷的组织架构，可以快速响应市场变化和客户需求。通过扁平化的组织结构和灵活的管理机制，智慧企业能够高效地进行资源调配和业务创新，提升企业的适应能力和竞争力。

（1）扁平化管理。借助扁平化管理，智慧企业可以减少管理层级，提高决策速度和执行效率。例如，谷歌通过实行扁平化管理，提高组织的灵活性和创新能力。

（2）跨职能团队。通过组建跨职能团队，智慧企业可以快速响应市场变化和客户需求。例如，脸书（Facebook）通过组建跨职能团队，快速开发和推出新产品和新服务。

（五）创新驱动发展

智慧企业注重技术创新和商业模式创新，通过不断探索和应用新的技术和理念，推动企业的发展和转型。

（1）技术创新。通过技术创新，智慧企业可以提升产品和服务的竞争力。例如，苹果公司通过持续的技术创新，推出创新的产品和服务，保持市场领先地位。

（2）商业模式创新。通过商业模式创新，智慧企业可以开拓新的市场和增长点。例如，Uber通过共享出行商业模式，改变了传统出租车行业的竞争格局。

三、智慧企业案例

为了更具体地展示智慧企业的发展路径，以下介绍的案例展示了不同行业的企业在数字化转型和智慧企业建设方面的成功实践。

（一）华为的智慧企业建设

华为作为全球领先的信息与通信（ICT）解决方案提供商，通过数字化转型和智慧企业建设，实现了业务流程的智能化和管理决策的科学化，提升了市场竞争力和全球影响力。

（1）数据驱动决策。华为通过大数据分析技术，了解全球市场需求和竞争态势，制定精准的市场策略和产品规划。

（2）智能化业务流程。华为通过智能制造系统，实现生产设备和生产线的互联互通和智能控制，优化生产流程和资源配置，提高生产效率和产品质量。

（3）个性化客户服务。华为通过客户关系管理系统和大数据分析技术，了解客户需求和行为特征，提供个性化的产品和服务，提升客户满意度和忠诚度。

（4）敏捷的组织架构。华为通过实行扁平化管理和组建跨职能团队，快速响应市场变化和客户需求，提升组织的适应能力和竞争力，满足市场需求和客户期望。

（5）创新驱动发展。华为注重技术创新和商业模式创新，通过不断探索和应用新的技术和理念，推动企业的发展和转型，保持市场领先地位。

（二）阿里巴巴的智慧企业转型

阿里巴巴作为全球领先的电子商务公司，通过数字化转型和智慧企业建设，实现了业务流程的智能化和管理决策的科学化，提升了市场竞争力和全球影响力。

（1）数据驱动决策。阿里巴巴通过大数据技术分析客户消费需求和特点，及时了解全球市场的主要需求和市场竞争情况，据此制定精准的市场策略和产品规划并组织实施，抢占先机。

（2）智能化业务流程。阿里巴巴通过智能化业务流程系统实现了业务管理过程的自动化和优化，提高了业务管理效率和服务质量。

（3）个性化客户服务。阿里巴巴通过客户关系管理系统和大数据分析技术，及时充分地了解客户的消费需求和消费行为特征，进而准确地为客户提供个性化的解决方案和技术支持。

（4）敏捷的组织架构：阿里巴巴积极实施扁平化管理并成功组建跨职能团队，在此基础上快速开发和上线新产品、新服务，及时准确地满足市场需求。

（5）创新驱动发展。阿里巴巴十分关注技术创新和商业模式创新，通过不断地投入和探索，积极研发和应用新技术，引进新理念，推动企业的可持续发展和数字化转型。

第二节　智慧企业的运营

智慧企业的运营机制是通过全面应用先进的数字技术，实现业务流程智能化、管理决策科学化、客户服务个性化和企业运营高效化，进而形成新的企业管理模式。为了让大家深入理解智慧企业的运营机制，我们从三维机理模型、数据驱动决策、整体人工智能和新型人机协同等方面进行详细分析。

一、三维机理模型

智慧企业的三维机理模型是指在智慧企业运营过程中，

数据、技术和组织三者之间相互作用和协调配合的模型。三维机理模型通过整合数据驱动、技术支持和组织变革，从而实现企业的智能化运营和高效管理。

（一）数据驱动

数据驱动是智慧企业运作的基础，是指企业在运营过程中，通过各种手段采集、存储和分析数据，为企业的决策和管理提供科学依据。

具体内容包括以下三方面。

（1）数据采集：企业通过物联网、传感器、社交媒体等渠道，实时采集生产、销售、客户等各方面的数据。例如，制造企业通过物联网技术，实时采集生产设备的运行数据，优化生产流程和资源配置，有效提高生产效率。

（2）数据存储。企业通过云计算平台实现数据的集中存储和管理，确保数据的安全性和可用性。例如，零售企业通过云计算技术，集中存储和管理销售数据，提升数据的管理效率和利用价值。

（3）数据分析。企业通过大数据分析技术，对收集的数据进行深度分析，从中发现业务机会和潜在风险，为决策提供支持。例如，金融企业通过大数据分析技术分析客户的交易行为，发现潜在的信用风险，制定风险管理策略。

（二）技术支持

技术支持是智慧企业运营的坚强后盾，是指企业通过引入和应用先进的数字技术，从而提升业务流程和管理模式的智能化水平。

具体内容包括以下三方面。

（1）物联网技术。企业通过物联网技术，实现设备和系统的互联互通，提高运营效率和服务质量。

（2）人工智能技术。企业通过人工智能技术，实现业务流程的自动化和智能化，提高运营效率和管理水平。

（3）自动化技术。企业通过自动化技术，实现生产和管理过程的自动化，减少人工干预和人为错误，提高效率。

（三）组织变革

组织变革是智慧企业运行的基础保障，是指企业通过优化组织结构和管理机制，提升组织的灵活性和适应能力，实现智能化运营和高效管理。

具体内容包括以下三方面。

（1）扁平化管理。企业通过扁平化管理，减少管理层级，提高决策速度和执行效率。

（2）跨职能团队。企业通过组建跨职能团队，快速响应市场变化和客户需求，提升业务创新和资源调配能力。

（3）敏捷管理。企业通过敏捷管理方法，提高项目管理水平和团队协作效率。

二、数据驱动决策

数据驱动决策是智慧企业运营机制的重要组成部分，指企业通过大数据技术，收集、存储和分析大量的业务数据，为企业的经营管理和决策提供科学依据。数据驱动决策可以帮助企业发现业务问题、预测市场趋势、制定精准的营销策略，提升企业的竞争力。

（一）数据采集

数据采集是数据驱动决策的基础，指企业通过各种手段，实时采集生产、销售、客户等各方面的数据，确保数据的及时性和准确性。

（1）物联网技术。企业通过物联网技术，实时采集生产设备的运行数据，优化生产流程和资源配置。

（2）传感技术。企业通过传感技术，实时监控生产环境和设备状态，提高生产效率和产品质量。

（3）社交媒体。企业通过社交媒体，实时收集客户反馈和市场动态，优化产品和服务。

（二）数据存储

数据存储是数据驱动决策的保障，是指企业通过云计算平台实现数据的集中存储和管理，确保数据的安全性和可用性。

（1）云计算技术。企业通过云计算技术，集中存储和管理生产、销售、客户等各方面的数据，提高数据的管理效率和利用价值。

（2）数据中心。企业通过建设数据中心，实现数据的集中管理和高效利用，提升数据的安全性和可用性。

（3）数据加密。企业通过数据加密技术，确保数据的安全性和隐私性，防止数据泄露和滥用。

（三）数据分析

数据分析是数据驱动决策的核心，是指企业通过大数据分析技术，对收集的数据进行深度分析，发现业务机会和潜在风险，为决策提供支持。

（1）大数据分析。企业通过大数据分析技术，发现业务机会和潜在风险，为决策提供支持。

（2）数据挖掘。企业通过数据挖掘技术，从海量数据中提取有价值的信息，为业务优化和决策提供支持。

（3）数据可视化。企业通过数据可视化技术，将复杂的数据和分析结果以直观的图表和报告形式呈现，提升数据的可理解性和决策支持能力。

（四）数据应用

数据应用是数据驱动决策的最终目标，指企业将数据分析结果应用于业务决策和管理，以提升决策的科学性和准确性，优化业务流程和资源配置。

（1）精准营销。企业通过大数据分析技术分析客户行为，为客户提供个性化的产品推荐和营销活动，提升客户满意度和转化率。

（2）风险管理。企业通过大数据分析技术分析潜在风险，制定风险管理策略，提升风险控制能力和管理水平。

（3）业务优化。企业通过大数据分析技术分析业务流程和资源配置，优化业务流程和资源配置，提高运营效率和服务质量。

三、整体人工智能

整体人工智能是智慧企业运营机制的重要组成部分，是指企业通过全面应用人工智能技术，实现业务流程的智能化和自动化，从而提高运营效率和管理水平。整体人工智能涵盖了从数据采集、数据分析到业务执行的各个环节，通过智能化技术的集成和应用，推动企业的智能化运营和高效管理。

（一）智能化数据采集

智能化数据采集是整体人工智能的基础，是指企业通过物联网、传感器和智能设备实现数据的实时采集和传输，确保数据的及时性和准确性。

（1）物联网技术。企业通过物联网技术，实现设备和系统的互联互通，实时采集生产、销售、客户等方面的数据，优化生产流程和资源配置。

（2）传感技术。企业通过传感技术实时监控生产环境和设备状态，提高生产效率和产品质量。

（3）智能设备。企业通过智能设备实现数据的自动采集和传输，减少人工干预和人为错误。

（二）智能化数据分析

智能化数据分析是整体人工智能的核心，是指企业通过人工智能技术，对收集的数据进行深度分析，发现业务机会和潜在风险，为决策提供支持。

（1）机器学习。企业通过机器学习技术，发现数据中的特征和规律，为业务优化和决策提供支持。

（2）自然语言处理。企业通过自然语言处理技术，分析客户反馈和市场动态，优化产品和服务。

（3）图像识别。企业通过图像识别技术，实现生产过程的自动化和智能化，提高生产效率和产品质量。

（三）智能化业务执行

智能化业务执行是整体人工智能的目标，是指企业通过人工智能技术，实现业务流程的自动化和智能化，从而提高运营效率和管理水平。

（1）智能制造：企业通过智能制造系统，实现生产过程的全面智能化和自动化，提高生产效率和产品质量。

（2）智能客服。企业通过智能客服系统提供24小时在线客服服务，提升客户满意度和服务效率。

（3）智能物流。企业通过智能物流系统实现物流过程的全面智能化，提高物流效率和服务质量。

四、新型人机协同

新型人机协同是智慧企业运行机制的重要组成部分，指企业通过构建人机协同工作环境，提升人机协同效率和创新能力，实现业务流程的智能化和自动化。新型人机协同涵盖了从数据采集、数据分析到业务执行的各个环节，通过智能化技术的集成和应用，推动企业的智能化运营和高效管理。

（一）人机协同工作环境

人机协同工作环境是新型人机协同的基础。企业通过构建人机协同工作环境，可提升人机协同效率和创新能力。

（1）智能办公。企业通过智能办公系统，实现办公流程的全面智能化和自动化，如实现会议室预订、考勤管理、文件管理等办公流程的智能化和自动化，提升办公效率和协同能力。

（2）虚拟团队。企业通过搭建虚拟团队，提升跨地域和跨部门的协同能力，推动业务创新和资源整合。

（3）远程协作。企业通过远程协作工具实现远程办公和跨地域协同，提高工作效率和灵活性。

（二）人机协同数据分析

人机协同数据分析是新型人机协同的核心，是指企业通过构建人机协同数据分析系统，提高数据分析的效率和准确性。

（1）人机协同分析平台。企业通过人机协同分析平台，实现数据分析的自动化和智能化，提高数据分析的效率和准确性。

（2）数据可视化工具。企业通过数据可视化工具，将复杂的数据和分析结果以直观的图表和报告形式呈现，提升数据的可理解性和决策支持能力。

（3）智能决策支持系统。企业通过运用智能决策支持系统，依据实时数据分析和决策支持，提升决策的科学性和准确性。

（三）人机协同业务执行

人机协同业务执行是新型人机协同的目标，是指企业通过构建人机协同业务执行系统，提高业务执行的效率和准确性。

（1）智能制造系统。企业通过智能制造系统，实现生产过程的全面智能化和自动化，提高生产效率和产品质量。

（2）智能物流系统。企业通过智能物流系统，实现物流管理过程的全面智能化和优化，提高物流效率和服务质量。

（3）智能客服系统。企业通过智能客服系统，提供24小时在线客服服务，提高客户满意度和服务效率。

智慧企业通过综合应用三维机理模型、数据驱动决策、整体人工智能和新型人机协同等方面的新技术，推动企业的智能化运营和高效管理。通过全面应用先进的数字技术，智慧企业可以实现业务流程的智能化和自动化，提高运营效率和管理水平，增强市场竞争力和适应能力。在新时代的竞争环境下，企业需要积极应对挑战，制定有效的策略，推动智慧化和数字化转型，实现企业的可持续发展和长远目标。

第三节　数字技术的应用

智慧企业通过全面应用先进的数字技术，实现业务流程智能化、管理决策科学化、客户服务个性化和企业运营高效化。智慧企业的技术架构是支持这一过程的关键。

一、数字技术架构

智慧企业的技术架构是一个多层次的系统，包括数据采集层、数据存储层、数据处理层、智能应用层和安全管理层。每一层都有其独特的功能和技术支持，各个层次协同运行，共同构成智慧企业的技术基础。

（一）数据采集层

数据采集层是智慧企业技术架构的基础层，负责通过各种手段实时采集企业运营中的各类数据。这些数据包括生产数据、销售数据、客户数据、环境数据等，是智慧企业实现智能化管理和决策的基础。

（1）物联网技术。通过物联网（IoT）技术，企业可以实时采集生产设备、物流设备、环境传感器等的运行数据，进而优化生产流程和资源配置。

（2）传感技术。传感器用于监测和收集物理环境中的各种数据，如温度、湿度、光照、振动等。

（3）射频识别技术。射频识别（RFID）技术用于实时追踪和管理物品的位置和状态。

（4）社交媒体。通过监测社交媒体平台，企业可以实时收集客户反馈、市场动态和品牌声誉等信息，进而调整产品和营销策略。

（二）数据存储层

数据存储层负责将采集到的大量数据进行集中存储和管理，确保数据的安全性和可用性。这一层采用各种先进的存储技术和解决方案，满足智慧企业对数据存储的需求。

（1）云存储。云存储提供高效的存储和管理解决方案，支持海量数据的集中存储和共享，提高数据的管理效率和利用价值。

（2）数据仓库。数据仓库用于存储和管理结构化数据，支持复杂的数据分析和查询。

（3）分布式存储。分布式存储系统通过多个节点分布存储数据，提高数据存储容量和访问速度。

（4）对象存储。对象存储用于存储非结构化数据，如文档、图片、视频等，提供高效的数据管理和访问服务。

（三）数据处理层

数据处理层是智慧企业技术架构的核心层，负责对采集和存储的数据进行处理和分析，生成有价值的信息和洞察，为企业的管理和决策提供支持。

（1）大数据处理平台。大数据处理平台用于处理和分析海量数据，支持复杂的数据分析和挖掘。

（2）数据挖掘。数据挖掘技术用于从数据中提取有价值的信息和模式，以支持业务优化和决策。

（3）机器学习。机器学习技术用于构建和训练预测模型，支持智能化的业务决策和自动化处理。

（4）自然语言处理。自然语言处理技术通过理解和处理人类语言，支持智能客服和语音交互等应用。

（四）智能应用层

智能应用层是智慧企业技术架构的应用层，负责将数据处理层生成的信息和洞察应用于具体的业务场景，实现智能化的业务运营和管理。具体内容包括以下四个方面。

（1）智能制造。智能制造系统通过整合物联网、人工智能和自动化技术，实现生产过程的智能化和自动化。

（2）智能物流。智能物流系统通过实时监控和优化物流过程，提高物流效率和服务质量。

（3）智能客服。智能客服系统通过人工智能技术，提供个性化和自动化的客户服务，提升客户满意度和服务效率。

（4）智能营销。智能营销系统通过大数据分析和机器学习技术，提供个性化的营销策略和产品推荐，提高营销效果和客户满意度。

（五）安全管理层

安全管理层负责保护智慧企业技术架构中的数据和系统，确保数据的安全性、完整性和可用性，防止数据泄露和系统入侵。具体内容包括以下四个方面。

（1）身份认证和访问控制。通过身份认证和访问控制，确保只有授权用户可以访问系统和数据，防止未经授权的访问和操作。

（2）数据加密。通过数据加密技术，保护数据的安全性和完整性，防止数据泄露和篡改。

（3）安全监控和审计。通过安全监控和审计，实时监控系统和数据的安全状态，及时发现和应对安全威胁和安全事件。

（4）漏洞管理和修复。通过漏洞管理和修复，及时发现和修复系统和应用中的安全漏洞，防止安全漏洞被利用或引发攻击。

二、数字技术的一般应用

智慧企业技术架构通过整合和应用先进的数字技术，实现业务流程的智能化和自动化，提高企业的运营效率和管理水平。以下是智慧企业技术架构在不同行业中的典型应用案例。

（一）工业

制造业通过智慧企业技术架构，实现生产过程的智能化和自动化，提高生产效率和产品质量。

（1）智能制造。通过智能制造系统，实现生产设备和生产线的互联互通和智能控制，优化生产流程和资源配置。

（2）设备预测维护。通过物联网和机器学习技术，实时监控生产设备的状态和运行数据，预测设备故障和维护需求，提高设备的利用率和生产效率。

（3）质量管理。通过图像识别和数据分析技术，实现生产过程中的质量检测和控制，提高产品质量和客户满意度。

（二）商业

零售业通过智慧企业技术架构，实现销售过程的智能化和个性化，提升客户满意度和销售业绩。

（1）智能营销。通过大数据分析和机器学习技术，提供个性化的营销策略和产品推荐，提升营销效果和客户满意度。

（2）库存管理。通过物联网和大数据技术，实时监控和优化库存管理，提高库存利用率，降低库存成本。

（3）客户关系管理。通过客户关系管理系统和大数据分析技术，了解客户需求和行为特征，提供个性化的产品和服务，提升客户满意度和忠诚度。

（三）金融业

金融业通过智慧企业技术架构，实现业务流程的智能化和安全化，提高运营效率和风险管理水平。

（1）智能风控。通过大数据分析和机器学习技术，实时监控和分析客户交易行为，及时发现潜在的信用风险和欺诈行为，提升风险管理水平。

（2）智能客服。通过人工智能技术，提供个性化和自动化的客户服务，提升客户满意度和服务效率。

（3）智能投顾。通过大数据分析和机器学习技术，为客户提供个性化的投资建议和资产配置方案，提升客户满意度和投资回报率。

（四）医疗行业

医疗行业通过智慧企业技术架构，实现医疗服务的智能化和精准化，提高医疗质量和患者体验。

（1）智能诊断方面。运用人工智能和大数据分析技术，可以辅助医生进行疾病诊断和治疗，提升诊断准确性和治疗效果。

（2）远程医疗方面。运用物联网和视频会议技术，可以实现远程医疗服务，提升医疗资源的利用效率和患者的就医体验。

（3）智能管理方面。运用大数据分析和物联网技术，可以实现医院管理的智能化和高效化，提高医院的运营效率和服务质量。

（五）物流业

物流业通过智慧企业技术架构，实现物流过程管理的智能化和优化，提高物流效率和服务质量。

（1）智能调度。通过大数据分析和机器学习技术，优化物流调度和路径规划，提高配送效率和客户满意度。

（2）实时追踪。通过物联网和 RFID 技术，实时监控和追踪物流设备和货物状态，提高物流管理的透明度和效率。

（3）仓储管理。通过物联网和大数据技术，优化仓储管理和库存控制，提高仓储利用率和物流效率。

智慧企业的技术架构通过多层次的系统设计和先进的技术应用，实现业务流程的智能化和自动化，提高企业的运营效率和管理水平。通过综合应用数据采集、数据存储、数据处理、智能应用和安全管理等方面的新技术，智慧企业能够实现高效的智能化运营和精准的管理决策，增强市场竞争力和适应能力。

第六章
发展新质生产力对智慧企业的创新要求

第一节　引　言

2023年9月7日下午，习近平总书记在黑龙江省哈尔滨市主持召开新时代推动东北全面振兴座谈会并发表重要讲话强调指出："要以科技创新推动产业创新，加快构建具有东北特色优势的现代化产业体系。推动东北全面振兴，根基在实体经济，关键在科技创新，方向是产业升级。要牢牢扭住自主创新这个'牛鼻子'，在巩固存量、拓展增量、延伸产业链、提高附加值上下功夫。加快传统制造业数字化、网络化、智能化改造，推动产业链向上下游延伸，形成较为完善的产业链和产业集群。主动对接国家战略需求，整合和优化科教创新资源，加大研发投入，掌握更多关键核心技术。积极培育产业园区，加强对口合作，加快科研成果落地转化。积极培育新能源、新材料、先进制造、电子信息等战略性新兴产业，积极培育未来产业，加快形成新质生产力，增强发展新动能。加快发展风电、光伏电、核电等清洁能源，建设风光火核储一体化能源基地。加强生态资源保护利用，依托东北的生态环境和生物资源优势，发展现代生物、大数据等新兴特色产业，发展冰雪经济和海洋经济。”需要特别注意的是，在习近平总书记的这一重要讲话中，首次提出了“新质生产力”这一崭新概念。这一概念的开创性提出，引起了全国各地干部群众的广泛关注，大家普遍认为“新质生产力”的提出，不仅对于新时代加快构建具有东北特色优势的现代化产业体系、推动东北全面振兴具有重大意义，而且对于实现中国式现代化、全面建成社会主义现代化强国、保证中国人民走向共同富裕具有划时代的意义。因此，“新质生产力”的提出是对马克思主义生产理论的守正和创新。

生产力是由劳动者、劳动资料、劳动对象三要素构成的。劳动者是对从事劳动活动的一类人的统称。劳动资料是劳动者在劳动过程中用来改变或影响劳动对象的一切物质资料或物质条件。劳动对象是指劳动者把自己的活动加在其上的一切物质资料。通常把劳动者称作生产力中的人的因素，把劳动资料和劳动对象称为生产力中的物的因素。劳动者就是拥有劳动力的人。劳动力就是指掌握一定科学知识和技术，具有一定生产经验和劳动技能，并能在社会生产中从事具体劳动的劳动者。作为劳动者的人是生产力中起主导作用的要素，物的要素只有被人掌握，才能构成实际生产力。

人类社会已经充分地享受到第一次工业革命、第二次工业革命和新技术革命带来的伟大的生产力成果，而当代新的科技革命和产业变革兴起时，现实世界已走向智能化、数字化的发展时代。在这新的时代，智能化、数字化的科技创新极为重要。党的二十大报告指出："推动战略性新兴产业融合集群发展，构建新一代信息技术、人工智能、生物技术、新能源、新材料、高端装备、绿色环保等一批新的增长引擎。构建优质高效的服务业新体系，推动现代服务业同先进制造业、现代农业深度融合。加快发展物联网，建设高效顺畅的流通体系，降低物流成本。加快发展数字经济，促进数字经济和实体经济深度融合，打造具有国际竞争力的数字产业集群。优化基础设施布局、结构、功能和系统集成，构建现代化基础设施体系。"这就是说，新时代的中国特色社会主义市场经济建设一定要走好科技创新进步这手棋，抢占先机，获取智能化数字化时代的发展优势。为此，不论是公有制经济，还是非公有制经济，都必须自觉提高自主创新能力，大力发展新质生产力。从社会经济实践的角度讲，发展新质生产力就是要大力发展新能源、新材料、新技术，以及先进制造业和电子通信等产业，就是要发展数字农业、数字工业和数字服务业。毫无疑问，新质生产力就是现代和未来社会发展需要的生产力。

有人认为，生产力是人们解决社会与自然矛盾的实际能力，是人类改造自然使其适应社会需要的物质力量。概括地说，生产力就是人类改造自然的能力。生产力的诸要素中，不仅包括人的因素，还包括生产工具和劳动资料。新质生产力充分体现了生产力的科技内涵，反映了人对技术进步的把握。从经济学角度看，新质生产力代表了一种生产力的跃迁。区别于依靠大量资源投入、高度消耗资源能源的发展方式，新质生产力摆脱了传统增长路径，以高效能、高质量为基本要求，以数字化、网络化、智能化为基本特征，是数字时代更具融合性、充分体现新内涵的生产力，是符合高质量发展要求的生产力。所以，无论从什么角度来看，新质生产力的提出都体现了一种经济学理论的创新和超越。

2023 年 12 月 11—12 日，中央经济工作会议强调：要以科技创新推动产业创新，特别是以颠覆性技术和前沿技术催生新产业、新模式、新动能，发展新质生产力。要大力推进新型工业化，发展数字经济，加快推动人工智能发展。打造生物制造、商业航天、低空经济等若干战略性新兴产业，开辟量子、生命科学等未来产业新赛道，广泛应用数智技术、绿色技术，加快传统产业转型升级。加强应用基础研究和前沿研究，强化企业科技创新主体地位。鼓励发展创业投资、股权投资。要强化宏观政策逆周期和跨周期调节，继续实施积极的财政政策和稳健的货币政策，要增强宏观政策取向一致性。加强财政、货币、就业、产业、区域、科技、环保等政策协调配合，把非经济性政策纳入宏观政策取向一致性评估，强化政策统筹，确保同向发力、形成合力。加强经济宣传和舆论引导，唱响中国经济光明论。这次会议在做出中国经济光明论的判断基础上明确提出发展新质生产力的要求，对今后经济工作的所有战略性安排都预示了新质生产力将在我国新一轮经济发展中起到更为突出的引领作用。

2024 年 1 月 31 日下午，中共中央政治局就扎实推进国民经济高质量发展进行第十一次集体学习。习近平总书记在主持学习时强调，必须牢记高质量发展是新时代的硬道理，全面贯彻新发展理念，把加快建设现代化经济体系、推进高水平科技自立自强、加快构建新发展格局、统筹推进深层次改革和高水平开放、统筹高质量发展和高水平安全等战略任务落实到位，完善推动高质量发展的考核评价体系，为推动高质量发展打牢基础。发展新质生产力是推动高质量发展的内在要求和重要着力点，必须继续做好创新这篇大文章，推动新质生产力加快发展。

在这样的大背景下，必须更好地推动新质生产力加快发展，实现中国式现代化，这对于企业的数字化转型提出了更高的创新发展要求。智慧企业不仅要技术领先，更需在企业战略和组织文化等方面进行深刻变革。在高质量的数字化转型中，智慧企业必须实现以下五个创新目标。

（1）提高生产效率。通过运用自动化和智能化技术，提高生产效率，降低生产成本。

（2）优化资源配置。运用大数据和人工智能技术，实现资源的最优配置，提高资源利用效率。

（3）创新经营模式。通过运用数字技术，创造新的企业经营模式和价值链，拓展市场空间。

（4）增强客户体验。运用数字化手段提高服务质量和客户满意度，增强用户黏性。

（5）提升市场竞争力。通过推进数字化转型，提升企业的整体竞争力，在激烈的市场竞争中占据有利位置。

第二节　智慧企业发展新质生产力的基本要求与技术路径

一、智慧企业发展新质生产力的基本要求

新质生产力的特征集中表现为高度信息化、强创新性、高效协同、灵活响应和可持续发展等方面，因此对智慧企业有如下基本要求。

（1）高度信息化。新质生产力要求智慧企业运用先进的信息技术，通过数据驱动决策和管理，实现生产过程的智能化和精细化。

（2）强创新性。新质生产力强调技术创新和管理创新，要求智慧企业通过不断引进新技术和新模式，推动生产力的持续提升。

（3）高效协同。新质生产力要求智慧企业通过数字化平台，实现各业务部门和合作伙伴之间的高效协同，优化供应链和生产流程管理。

（4）灵活响应。新质生产力要求智慧企业具备快速响应市场变化的能力，通过数字化手段，实时调整生产和经营策略。

（5）可持续发展。新质生产力要求智慧企业关注资源的可持续利用和环境保护，通过绿色技术和循环经济模式，实现经济效益和社会效益的双赢。

二、智慧企业发展新质生产力的技术路径

数字技术是发展新质生产力的核心，通过广泛应用数字技术，智慧企业能够在多个层面上实现新质生产力的大幅提升。

（一）大数据技术

大数据技术通过对大量数据的采集、存储、处理和分析，为企业提供深度洞察和科学决策的依据。

（1）企业通过各种渠道（如社交媒体、传感器、企业内部系统等）采集大量数据，并利用云存储和分布式存储技术等对数据进行高效存储。

（2）大数据分析工具（如 Hadoop、Spark 等）能够高效处理和分析大规模数据，挖掘数据中有价值的信息。

在应用方面，通过大数据分析技术，企业可以实现精准营销，提高广告投放的效果和转化率；金融企业通过大数据分析技术，可以识别潜在风险，优化风控模型，提高风控效率；制造企业通过大数据分析技术，可以优化供应链管理，提高供应链的透明度和效率。

（二）人工智能技术

人工智能技术通过模拟人类智能，可以实现生产、管理和服务等方面的自动化和智能化。

（1）机器学习和深度学习是人工智能的核心技术，可以通过训练算法模型，实现数据驱动的预测和决策。例如，制造企业通过深度学习算法，可以实现产品质量的自动

检测和生产设备的预测性维护，从而提高生产效率和产品质量。

（2）机器人技术在制造、物流等领域得到了广泛应用，借助机器人技术可实现生产过程的自动化，减少人工干预，提高生产效率和产品一致性。

通过自然语言处理技术，企业可以部署智能客服系统，提高服务效率和客户满意度；电商企业通过人工智能算法，向用户推荐个性化商品，提高用户的购买意愿和消费体验；物流企业通过人工智能技术，实现智能调度和路径优化，提高物流效率。

（三）云计算技术

云计算技术为企业提供了高效、灵活和低成本的计算资源，支持企业的数字化转型和业务创新。

（1）云计算架构包括基础设施即服务（IaaS）、平台即服务（PaaS）和软件即服务（SaaS）三个层次，通过虚拟化技术和分布式计算，实现资源的动态分配和高效利用。

（2）云计算服务提供商（如 Amazon AWS、Microsoft Azure、Google Cloud 等）为企业提供多种云服务，包括计算、存储、网络、安全等，帮助企业快速实现数字化转型。

通过云计算技术，企业可以实现业务的连续性和灾备，提高业务的可靠性和安全性；企业可以根据业务需求，灵活扩展和调整计算资源，降低成本和提高效率；云计算平台提供的开发测试环境，可以加快企业的新产品开发和测试。

（四）物联网技术

物联网技术通过设备和系统的互联互通，实现实时监控和管理，从而提高生产效率和资源利用率。

（1）物联网架构包括感知层、网络层和应用层，通过传感器、通信网络和数据平台，实现各类数据的采集、传输和处理。

（2）物联网平台提供数据采集、设备管理、数据分析和应用开发等功能，支持企业的物联网应用。

通过物联网技术，可实现城市基础设施的智能化管理，提高城市运行效率和居民生活质量；物流企业通过物联网技术，可实现对物流过程的实时监控和管理，提高物流效率和服务水平；医疗机构通过物联网技术，可实现医疗设备和患者数据的互联互通，提高医疗服务质量和效率。

第三节　对智慧企业人力资源提升的要求

人力资源是智慧企业最重要的资源，通过提升员工的技能和素质，智慧企业可以显著提升新质生产力和市场竞争力。

一、加强员工培训

通过加强系统的员工培训与优化员工发展计划，智慧企业可以提升员工的技能水平和职业素质，增强员工的工作能力和创新能力。

技能培训是提升员工专业能力的重要手段。企业可以通过内训、外部培训、在线课程等多种形式，为员工提供专业技能培训。管理培训是提升中高层管理人员领导能力和管理水平的重要方式。通过参加管理课程、沙盘演练等方式，智慧企业可以培养一支高效的管理团队。

智慧企业应为员工提供清晰的职业发展路径，通过晋升机制、轮岗机会、职业辅导等方式，帮助员工实现职业发展目标。

二、人才引进与保留

通过引进高素质人才和建立有效的员工保留机制，智慧企业可以提升核心竞争力和创新能力。

（1）企业应积极引进具备创新能力和专业技能的高素质人才，通过校园招聘、社会招聘、猎头服务等多种渠道吸引优秀人才。

（2）企业应建立有效的员工保留机制，通过薪酬激励、提供职业发展机会、改善工作环境等途径，提升员工的满意度和忠诚度。

三、绩效管理与激励

通过科学的绩效管理体系和有效的激励机制，智慧企业可以激发员工的工作积极性和创造力。

（1）智慧企业需要建立科学的绩效管理体系，通过设定明确的绩效目标、定期考核和反馈，提高员工的工作效率和业绩。

（2）智慧企业需要建立多元化的激励机制，通过薪酬激励、奖金激励、股权激励等方式，激发员工的工作热情和创新能力。

第四节　对智慧企业文化创新的要求

企业文化是智慧企业发展的重要软实力，企业文化创新升级对于提升员工的凝聚力、创新力，以及提升整体企业的竞争力都具有不可估量的价值。积极向上的企业文化不仅能够为员工提供一个和谐、进取的工作环境，还能激发员工的潜能，促进智慧企业的可持续发展。

一、创新文化

创新文化是推动智慧企业持续发展的重要动力。通过鼓励创新、包容失败，企业可以激发员工的创造力和创新精神。

（1）企业应建立创新激励机制，通过奖励创新成果、支持创新项目等，鼓励员工积极参与创新活动。

（2）企业应建立容错机制，通过宽容失败、鼓励试错，营造宽松的创新环境。

二、协作文化

协作文化是提升团队效率和凝聚力的重要因素。通过加强团队协作和跨部门合作，智慧企业可以优化资源配置，提高工作效率。

（1）企业应重视团队建设，通过团队活动、团队培训等方式，增强团队成员之间的信任和协作。

（2）企业应加强跨部门合作，通过建立跨部门项目组和协作机制，优化资源配置，提高工作效率。协作文化作为一种柔性管理手段，能够渗透到企业管理的各个方面。通过加强企业协作文化建设，企业可以优化管理流程，提高管理效率，降低管理成本。同时，协作文化还能够促进企业内部的沟通和协作，增强团队的凝聚力和执行力。企业协作文化的创新升级有助于企业在市场竞争中更加高效地应对各种挑战。

三、学习文化

学习文化是智慧企业持续成长和发展的重要保障。通过营造积极的学习氛围，智慧企业可以不断提升员工的知识和技能，从而提高企业的竞争力。

（1）企业应鼓励员工持续学习，充分提供学习资源和学习机会，提升员工的知识水平和专业技能。

（2）企业应建立知识共享机制，通过搭建知识管理平台，促进知识的传递和共享，提升组织的整体能力。

总的来说，企业文化是企业竞争力的核心驱动力。它不仅能够增强员工的凝聚力，激发创新思维，还能通过塑造独特的企业形象和品牌，提升市场认知度。优秀的企业文化能促使企业管理更加高效、协同，减少内耗，降低成本。更重要的是，企业文化是企业差异化竞争优势的来源，能让企业在激烈的市场竞争中脱颖而出。因此，企业应积极构建并持续优化企业文化，确保企业文化与企业战略相契合，成为推动企业持续发展和增强市场竞争力的强大力量。

第五节　智慧企业经营案例

一、西门子：工业 4.0 的领航者

作为全球领先的数字化解决方案提供商，西门子敏锐地洞察到“工业 4.0”带来的变革机遇。西门子致力于通过数字化转型，实现生产过程的智能化、自动化和高效化，从而提升企业的竞争力和创新能力。西门子“工业 4.0”战略的目标是推动制造业向智能化、绿色化和服务化方向发展，为全球客户提供更加先进、高效的智能制造解决方案。

西门子是全球领先的技术企业，其业务涵盖工业、能源、医疗等多个领域，致力于通过技术创新和数字化转型，提升企业竞争力和可持续发展能力。

西门子通过引进物联网、人工智能、大数据等技术，推动智能制造和数字化转型。例如，西门子在其数字化工厂中应用物联网技术，实现设备的实时监控和预测性维护，提高生产效率和产品质量。

（1）数字化工厂建设。作为西门子在亚太地区最大的数字化工厂之一，成都西门子数字化工厂在数字化转型方面取得了显著成效。该工厂通过全集成自动化系统和数字化管理平台，实现了生产过程的智能化和高效化。工厂内的自动物流系统能够迅速响应物料需求，减少人工干预，提高生产效率。同时，数字化制造系统还帮助工厂实现了对原材料的可溯源管理，确保产品质量。西门子在全球范围内建设了多个数字化工厂，通过标准化和模块化的数字

化解决方案，推动全球制造业的数字化转型。

（2）建立智能管控中心。在智能管控中心方面，西门子利用物联网和数据分析技术，建立了智能管控中心，将生产过程中的大量数据进行集中处理和分析。这种集中化的管理方式可帮助企业实时掌握生产状况，优化生产流程，提高生产效率。

西门子积极与全球合作伙伴建立合作关系，共同推动“工业 4.0”的发展。公司还通过 MindSphere 等工业互联网平台，构建了一个开放的生态系统，吸引更多的开发者、供应商和客户参与进来，共同推动制造业的数字化转型。

通过数字化转型，西门子实现了生产效率的显著提高和运营成本的显著降低。例如，西门子在其数字化工厂中，通过智能制造技术，生产效率提高了 20%，运营成本降低了 15%。此外，数字化制造帮助西门子实现了对生产过程的精准控制，减少了人为错误和质量问题。借助机器“纠错官”，企业能够及时发现并纠正生产过程中的问题，确保产品质量。西门子“工业 4.0”战略的实施提升了企业的市场竞争力。西门子凭借先进的数字化解决方案和智能制造能力，赢得了全球客户的信赖和认可。

二、中石油的智慧企业初步建设

中国石油天然气集团公司（China National Petroleum Corporation，CNPC，以下简称中石油）是国有重要骨干企业，是以油气业务、工程技术服务、石油工程建设、石油装备制造、金融服务、新能源开发等为主营业务的综合性国际能源公司，是中国最主要的油气生产商和供应商之一。

2014年，中石油在世界50家大石油公司综合排名中居第3位；2015年，在美国《财富》杂志世界500强企业排名中居第4位；2015年7月7日，中石油市值达到3820亿美元，居世界500强企业第二位，仅次于苹果，成为全球市值第二大的企业。同时，中石油也是2014年度中央企业负责人经营业绩考核A级企业。中石油以建成世界水平的综合性国际能源公司为目标，通过实施战略发展，坚持创新驱动，注重质量效益，加快转变发展方式，已实现主要经济指标达到世界先进水平，并全面提升了竞争能力和盈利能力，成为数字化转型发展、绿色发展、可持续发展的国内领先公司。2016年7月20日，美国《财富》杂志发布了世界500强企业排行榜，中石油居第三位。2016年8月，中石油在2016中国企业500强中居第二名。2023年，中石油营业收入3万亿元人民币，实现净利润1611.5亿元人民币。

石油行业是最早应用计算机技术进行勘探和生产的工业部门之一。中石油作为国民经济重要支柱产业的龙头企业，正面临着前所未有的挑战与机遇。在全球能源结构转型和数字化转型浪潮的双重推动下，中石油的数字化转型已成为企业发展的重要方向和基本目标。在全球能源需求增长和市场竞争日益激烈的新形势下，传统石油、石化行业的生产和管理模式已难以满足需求。数字化转型不仅可以帮助企业优化生产流程、提高生产效率，还能提升企业的市场竞争力，实现可持续发展。

中石油的数字化转型涉及多个方面，包括勘探、开采、生产、运输、销售等各个环节。通过应用物联网、大数据、云计算、人工智能等先进技术，中石油实现了对生产过程的实时监控、数据分析、智能决策等，从而大幅提高了生产效率和资源利用率。在勘探阶段，中石油利用虚拟现实技术实现了对地质模型的三维可视化和交互式操作，提高了勘探的准确性和效率；在生产阶段，通过安装传感器和监测设备，对油气生产过程进行实时监测和数据采集，实现对生产过程的智能化管理；在销售阶段，建立油气电子交易平台，利用区块链技术实现了油气资源的电子化交易和结算，有效提高了交易的透明度和效率。中石油的数字化转型取得了显著成效，已经初步建成智慧企业。但是，面对发展新质生产力的要求，中石油还需进一步实现数字化的创新发展。未来，随着数字技术的不断进步和应用场景的不断拓展，智慧企业建设将为中石油带来更多的机遇和挑战。我们相信，在数字化转型发展更加强劲的推动下，中石油必将成为中国智慧企业的优秀典范。

以上两个案例，为智慧企业在数字化转型和发展新质生产力方面提供了实践经验。未来，随着更多新技术和新应用场景的出现，智慧企业将迎来新的机遇和挑战。政府和企业应共同努力，推动数字化转型和新质生产力的发展，实现经济和社会的高质量、可持续发展。

第七章
Salesforce的数字化转型案例

在当今快速变化的商业环境中，数字化转型已成为企业提高竞争力和实现可持续增长的关键。随着技术的不断进步，企业面临着前所未有的机遇和挑战。云计算、人工智能（AI）、大数据分析等技术的迅猛发展，为企业提供了全新的工具和手段，帮助企业优化运营、提升客户体验、增强市场竞争力。然而，数字化转型并非一蹴而就的事，它需要企业从战略、技术、组织文化等多个层面进行系统性变革。

Salesforce作为全球领先的客户关系管理（CRM）平台，通过强大的云服务和人工智能（AI）技术，帮助企业实现了从传统运营模式向数字化、智能化模式的转变。本章将详细探讨Salesforce如何通过其创新的云服务和人工智能（AI）技术推动企业实现数字化转型，并分析其在不同行业中的应用案例和取得的成效。通过深入剖析Salesforce的数字化转型路径，我们希望能够为其他企业提供有价值的参考和启示。

第一节 Salesforce 的数字化起源

一、Salesforce 的创立与早期发展

Salesforce 由马克·贝尼奥夫（Marc Benioff）和帕克·哈里斯（Parker Harris）于 1999 年创立，最初的目标是通过云计算技术颠覆传统的 CRM 软件市场。当时，企业普遍依赖本地部署的 CRM 系统，这些系统不仅成本高昂，而且难以维护和升级。Salesforce 提出了“软件即服务”（SaaS）的概念，将 CRM 系统迁移到云端，使企业能够通过互联网随时随地访问和管理客户数据。

在早期发展阶段，Salesforce 面临着来自传统软件供应商的激烈竞争和市场的质疑。然而，通过不断创新和优化产品，Salesforce 逐渐赢得了市场的认可。其核心产品 Salesforce CRM 迅速成为企业管理的首选工具，特别是在中小企业中得到广泛应用。

二、云服务的初步应用

Salesforce 的云服务最初主要集中在 CRM 领域，提供销售自动化、客户服务、市场营销等基本功能。通过云端部署，企业无须购买昂贵的硬件和软件，只需按需订阅即可使用。这种模式不仅降低了企业的成本，还大大提高了系统的灵活性和可扩展性。

在云服务的初步应用中，Salesforce 注重用户体验和易用性。其界面设计简洁直观，功能模块清晰明了，使得用

户能够快速上手并高效使用。此外，Salesforce 还提供了丰富的培训和支持资源，帮助企业用户充分利用云服务的各项功能。

三、早期客户的成功案例

Salesforce 的早期客户主要包括小型企业和初创公司，这些企业通过使用 Salesforce 的云服务，迅速提高了销售效率和客户满意度。例如，一家名为“Blue Martini Software”的电子商务公司，通过使用 Salesforce 的 CRM 系统，成功将其销售周期缩短了 30%，客户满意度提高了 20%。

另一个成功案例是一家名为“Cisco Systems”的全球领先网络解决方案供应商，通过使用 Salesforce 的销售云，实现了销售流程的自动化和优化，显著提高了销售团队的效率和业绩。此外，Cisco Systems 还利用 Salesforce 的服务云，提高了客户服务质量和响应速度，进一步增强了客户忠诚度。

第二节　Salesforce 的云服务生态系统

一、云平台

随着云计算技术的不断发展，Salesforce 逐渐扩展其云服务平台，推出了多个垂直领域的解决方案，包括销售云、服务云、营销云、商务云和分析云等。这些云服务不仅覆盖了企业运营的各个方面，还通过 API 集成工具实现了与其他企业应用的无缝连接。

Salesforce 的云平台扩展不仅体现在产品线的丰富性上，还体现在其全球数据中心和基础设施的建设上。通过在全球范围内建立多个数据中心，Salesforce 确保了其云服务的高可用性和低延迟，满足了不同地区企业的需求。

Salesforce 的云平台扩展还体现在其强大的生态系统建设上。通过 AppExchange 平台，Salesforce 提供了数千个第三方应用程序和组件，使企业能够根据自身需求定制和扩展云服务功能。例如，企业可以通过 AppExchange 找到适合其行业的特定解决方案，如金融服务、医疗保健或零售业的专用工具。此外，Salesforce 还提供了丰富的 API 集成工具，使企业能够轻松将 Salesforce 与其他企业系统（如 ERP 系统、HR 系统等）集成，实现数据的无缝流动和业务的高效协同。

为了进一步提升云平台的灵活性和可扩展性，Salesforce 还在不断优化其低代码/无代码开发工具，如 Salesforce Lightning Platform。这些工具使非技术用户也能轻松构建和定制应用程序，从而加快企业的数字化转型进程。例如，企业可以通过拖放式界面快速创建自定义的工作流程、报表和仪表盘，而无须编写复杂的代码。此外，Salesforce 还提供了丰富的培训和支持资源，如 Trailhead 平台，帮助用户掌握最新的技术和功能，从而更好地利用云平台的各项功能。

二、销售云

销售云是 Salesforce 的核心产品之一，旨在帮助企业优化销售流程，提高销售团队的效率。通过销售云，企业可以管理客户信息、跟踪销售机会、预测销售业绩，并实现销售自动化。销售云还提供了移动应用，使销售代表能够随时随地访问客户数据和使用销售工具。

在销售云的应用中，Salesforce 注重数据的整合和分析。通过将销售数据与其他业务数据（如市场营销、客户服务等）进行整合，销售云能够提供全面的销售洞察，帮助企业制定更加精准的销售策略。例如，销售云可以自动生成销售漏斗分析报告，帮助销售团队识别潜在的高价值客户和销售瓶颈。此外，销售云还提供了丰富的报表和仪表盘模板，使销售团队能够实时监控销售业绩和趋势。例如，销售团队可以通过仪表盘实时查看销售目标的完成情况、销售机会和销售代表的绩效。

为了进一步提高销售效率，Salesforce 还在销售云中引入了 AI 驱动功能，如 Einstein AI。Einstein AI 可以通过分析历史销售数据和市场趋势，预测未来的销售机会，并自动生成销售建议。例如，Einstein AI 可以识别出哪些销售机会最有可能成交，并建议销售代表优先处理这些机会。此外，Einstein AI 还可以自动生成销售预测报告，帮助企业管理层做出数据驱动的决策，还能提供移动销售工具，使销售代表能够随时随地访问销售数据和客户信息，从而提高销售团队的灵活性和响应速度。

三、服务云

服务云专注于客户服务和支持，帮助企业提供卓越的客户体验。通过服务云，企业可以管理客户服务请求、自动化服务流程、提供多渠道支持（如电话、邮件、社交媒体等），并利用 AI 技术实现智能客服。服务云还提供了知识库功能，使客户能够自助解决问题，减少对人工客服的依赖。

在服务云的应用中，Salesforce 注重客户体验的个性化和一致性。通过整合多渠道的客户互动数据，服务云能够提供统一的客户视图，使客服代表能够全面了解客户的需求和历史互动记录。例如，服务云可以自动生成客户的历史服务记录和偏好信息，帮助客服代表快速理解客户需求并提供个性化的服务。此外，服务云还提供了智能路由和分配功能，确保客户请求能够被快速、准确地分配给最合适的客服代表。例如，服务云可以根据客服代表的技能和工作负荷，自动分配客户请求，从而提高服务效率和客户满意度。

为了进一步提升智能客服的服务效果，Salesforce 还在服务云中引入 AI 驱动功能，如 Einstein AI。Einstein AI 可以通过分析客户的服务请求，识别出常见问题，并提供相应的解决方案。对于复杂的问题，Einstein AI 可以将请求分配给最合适的客服代表，并提供相关的背景信息和解决方案建议。此外，Einstein AI 还可以通过自然语言处理技术，自动分析客户的语音和文字信息，识别客户的情绪和意图，从而提供更加精准的服务建议；Salesforce 还提供了自助式客服工具，使客户能够通过聊天机器人和知识库，快速解决常见问题，从而减少对人工客服的依赖。

四、营销云

营销云旨在帮助企业实现精准营销和个性化客户互动。通过营销云，企业可以整合多渠道营销数据，创建个性化的营销活动，并实时跟踪营销效果。营销云还提供了AI驱动的营销自动化工具，帮助企业优化营销策略，提高转化率。

在营销云的应用中，Salesforce注重数据的整合和分析。通过将营销数据与其他业务数据（如销售、客户服务等）进行整合，营销云能够提供全面的营销洞察，帮助企业制定更加精准的营销策略。例如，营销云可以结合客户的购买历史和服务记录，生成个性化的营销活动，并通过电子邮件、社交媒体等多种渠道进行精准推送。此外，营销云还提供了丰富的报表和仪表盘功能，使营销团队能够实时监控营销活动的效果和投资回报率（ROI）。例如，营销团队可以通过仪表盘实时查看营销活动的转化率、客户获取成本和ROI，从而及时调整营销策略。

为了进一步提升个性化营销的服务效果，Salesforce还在营销云中引入AI驱动功能，如Einstein AI。Einstein AI可以通过分析客户的购买历史、浏览历史和偏好，自动生成个性化的营销内容和推荐产品。例如，Einstein AI可以根据客户的浏览历史和购物车内容，为其推荐最合适的产品和促销活动，从而提高购物车的转化率。此外，Einstein AI还可以实时跟踪营销活动的效果，并根据数据反馈优化营销策略。Salesforce还能提供A/B测试工具，帮助营销团队快速测试不同的营销方案，从而选择最优的营销策略。

五、商务云

商务云专注于电子商务领域，帮助企业构建和管理在线商店。通过商务云，企业可以为客户提供个性化的购物体验，管理产品目录、订单和支付流程，并利用 AI 技术实现智能推荐和个性化促销。商务云还提供多渠道销售功能，使企业能够通过多个平台（如网站、移动应用、社交媒体等）销售产品。

在商务云的应用中，Salesforce 注重用户体验和转化率的提高。通过提供个性化的购物体验和智能推荐，商务云能够显著提高用户的购买意愿和转化率。例如，商务云可以根据客户的浏览历史和购物车内容，有针对性地推荐最合适的产品和促销活动，从而提高购物车的转化率。此外，商务云还提供了丰富的分析工具，使企业能够实时监控销售数据和用户行为，从而优化产品定价和促销策略。例如，商务云可以实时分析销售数据和库存水平，自动调整产品定价和促销活动，从而提高销售利润。

为了进一步提升智能商务的服务效果，Salesforce 还在商务云中引入 AI 驱动功能，如 Einstein AI。Einstein AI 可以通过分析客户的购物行为和偏好，自动推荐相关产品和促销活动。例如，Einstein AI 可以根据客户的浏览历史和购物车内容，分析其潜在消费需求并推荐最合适的产品和促销活动，从而提高购物车的转化率。此外，Einstein AI 还可以实时监控库存和销售数据，自动调整产品定价和促销策略，最大限度地增加销售利润。Salesforce 还能提供全渠道的商务工具，使企业能够通过线上和线下渠道，提供良好的购物体验，从而提升客户满意度和忠诚度。

六、分析云

分析云旨在帮助企业实现数据驱动决策。通过分析云，企业可以整合来自多个数据源的数据，创建实时数据仪表盘，并利用 AI 技术进行数据分析和预测。分析云还提供了自助式分析工具，使业务用户能够轻松访问和分析数据，无须依赖 IT 部门。

在分析云的应用中，Salesforce 注重数据的可视化和易用性。通过提供丰富的可视化工具和交互式仪表盘，分析云能够帮助业务用户快速理解和分析复杂的数据。例如，分析云可以自动生成数据图表和趋势分析报告，帮助业务用户快速获取数据中的关键洞察。此外，分析云还提供了 AI 驱动的预测分析功能，使企业能够基于历史数据和趋势，做出更加精准的业务决策。

为了进一步提升数据分析的效果，Salesforce 还在分析云中引入 AI 驱动功能，如 Einstein AI。Einstein AI 可以通过分析历史数据，识别出数据中的趋势和模式，并生成预测报告。例如，Einstein AI 可以通过分析历史销售数据和市场趋势，准确预测未来的销售机会和潜在风险，从而帮助企业提前制定应对策略。此外，Einstein AI 还可以提供自助式分析工具，帮助业务用户轻松访问和分析数据，而不必依赖 IT 部门。Salesforce 还提供移动分析工具，使业务用户能够随时随地访问和分析数据，从而提高数据分析的灵活性和效率。

第三节　AI 技术的引入与应用

一、Einstein AI 平台的推出

2016 年，Salesforce 推出了 Einstein AI 平台，将其 AI 技

术嵌入各个云服务中。Einstein AI 平台通过机器学习、自然语言处理、图像识别等技术，可帮助企业实现智能化的客户互动和业务运营。Einstein AI 平台的推出标志着 Salesforce 从传统的 CRM 提供商向智能化企业服务平台转变。通过将 AI 技术融入云服务，Salesforce 不仅提高了产品的智能化水平，还为企业提供了全新的工具和手段，进而帮助企业优化运营、提升客户体验、提高市场竞争力。

Einstein AI 平台的核心优势在于其强大的数据整合能力和实时分析能力。通过整合来自不同业务系统的数据，Einstein AI 能够提供全面的业务洞察，帮助企业做出更加精准的决策。例如，Einstein AI 可以自动分析客户的历史购买记录、服务请求和市场趋势，生成个性化的客户画像，从而帮助企业更好地理解客户需求和行为模式。此外，Einstein AI 还支持实时数据处理，能够根据最新的市场动态和客户行为，快速调整业务策略。

为了进一步提升 AI 技术的应用效果，Salesforce 还在不断优化 Einstein AI 平台的算法和模型。例如，Salesforce 正在探索深度学习技术的应用，致力于提高预测分析的准确性和智能化水平。此外，Salesforce 还提供了丰富的 API 集成工具，使企业能够根据自身需求定制 AI 模型，从而更好地满足特定业务场景的需求。

二、销售预测与机会管理

通过 Einstein AI，销售云能够自动分析历史销售数据，预测未来的销售趋势和商业机会。例如，Einstein AI 可以识别出哪些销售机会最有可能成交，并建议销售代表优先处理这些机会。此外，Einstein AI 还可以自动生成销售预测报告，帮助企业管理层做出数据驱动的决策。

在销售预测与机会管理的应用中，Einstein AI 注重数据的准确性和实时性。通过实时分析销售数据和市场动态，Einstein AI 能够提供更加精准的销售预测和机会评估。例如，Einstein AI 可以结合外部市场数据（如经济指标、行业趋势等），对销售机会进行多维度的分析和评估。此外，Einstein AI 还提供了智能推荐功能，帮助销售代表制定更加有针对性的销售策略。例如，Einstein AI 可以根据客户的购买历史和行为模式，为客户推荐最合适的产品和促销活动，从而提高销售成功率。

为了进一步提升销售预测的准确性，Salesforce 还在探索将外部数据源（如社交媒体、新闻事件等）与内部销售数据相结合，以提供更加全面的市场洞察。此外，Salesforce 还提供了移动销售工具，使销售代表能够随时随地访问销售预测和机会管理等方面的信息，从而提高销售团队的灵活性和响应速度。

三、智能客服与自动化服务

在服务云中，Einstein AI 被用于实现智能客服和自动化服务。例如，Einstein AI 可以自动分析客户的服务请求，识别出常见问题，并提供相应的解决方案。对于复杂的问题，Einstein AI 可以将请求分配给最合适的客服代表，并提供相关的背景信息和解决方案建议。

在智能客服与自动化服务的应用中，Einstein AI 注重客户体验的个性化和一致性。通过整合多渠道的客户互动数据，Einstein AI 能够提供统一的客户视图，帮助客服代表全面了解客户的需求和历史互动记录。例如，Einstein AI 可以自动生成客户的历史服务记录和偏好信息，帮助客服代表快速理解客户的需求并提供个性化的服务。此外，Einstein AI 还提供了智能路由和分配功能，确保客户请求能够被快速、准确地分配给最合适的客服代表。例如，Einstein AI 可以根据客服代表的技能和工作负载，自动分配客户请求，从而提高服务效率和客户满意度。

为了进一步提升智能客服的服务效果，Salesforce 还在探索将自然语言处理（NLP）技术应用于客服场景。例如，Einstein AI 可以通过分析客户的语音和文字信息，自动识别客户的情绪和意图，从而提供更加精准的服务建议。此外，Salesforce 还提供了自助式客服工具，使客户能够通过聊天机器人和知识库快速解决常见问题，从而减少对人工客服的依赖。

四、个性化营销与推荐

在营销云中，Einstein AI 被用于实现个性化营销和智能推荐。例如，Einstein AI 可以分析客户的购买历史、浏览行为和偏好，自动生成个性化的营销内容和推荐产品。此外，Einstein AI 还可以实时跟踪营销活动的效果，并根据数据反馈优化营销策略。

在个性化营销与推荐的应用中，Einstein AI 注重数据的整合和分析。通过将营销数据与其他业务数据（如销售、客户服务等）进行整合，Einstein AI 能够提供全面的营销洞察，帮助企业制定更加精准的营销策略。例如，Einstein AI

可以结合客户的购买历史和服务记录，生成个性化的营销活动，并通过电子邮件、社交媒体等多种渠道进行精准推送。此外，Einstein AI 还提供了丰富的报表和仪表盘功能，使营销团队能够实时监控营销活动的效果和 ROI。例如，Einstein AI 可以实时显示营销活动的转化率、客户获取成本和 ROI，帮助营销团队及时调整营销策略。

为了进一步提升个性化营销的效果，Salesforce 还在探索将 AI 技术应用于内容生成和创意优化。例如，Einstein AI 可以通过分析客户的偏好和行为模式，自动生成个性化的广告文案和创意内容，从而提高营销活动的吸引力和转化率。此外，Salesforce 还提供了 A/B 测试工具，使营销团队能够快速测试不同的营销方案，从而选择最优的营销策略。

五、智能商务与个性化购物体验

在商务云中，Einstein AI 被用于实现智能商务和个性化购物体验。例如，Einstein AI 可以分析客户的购物行为和偏好，自动推荐相关产品和促销活动。

在智能商务与个性化购物体验的应用中，Einstein AI 注重用户体验和转化率的提升。通过提供个性化的购物体验和智能推荐，Einstein AI 能够显著提高用户的购买意愿和转化率。例如，Einstein AI 可以根据客户的浏览历史和购物车内容，为客户推荐最合适的产品和促销活动，从而提高购物车的转化率。此外，Einstein AI 还提供了丰富的分析工具，使企业能够实时监控销售数据和用户行为，从而优化产品定价和促销策略。例如，Einstein AI 可以实时分析销售数据和库存数据，自动调整产品定价和促销活动，从而提高销售利润。

为了进一步提升智能商务的效果，Salesforce 还在探索将 AI 技术应用于供应链管理和物流优化。例如，Einstein AI 可以通过分析历史销售数据和市场趋势，预测未来的需求变化，从而帮助企业优化库存管理和物流调度。此外，Salesforce 还提供了全渠道商务工具，使企业能够通过线上和线下渠道提供良好的购物体验，从而提高客户满意度和忠诚度。

六、数据分析与预测

在分析云中，Einstein AI 被用于实现数据分析和预测。例如，Einstein AI 可以自动分析历史数据，识别出数据中的趋势和模式，并生成预测报告。此外，Einstein AI 还可以提供自助式分析工具，使业务用户能够轻松访问和分析数据，无须依赖 IT 部门。

在数据分析与预测的应用中，Einstein AI 注重数据的可视化和易用性。通过提供丰富的可视化工具和交互式仪表盘，Einstein AI 能够帮助业务用户快速理解和分析复杂的数据。例如，Einstein AI 可以自动生成数据图表和趋势分析报告，帮助业务用户快速识别数据中的关键洞察。此外，Einstein AI 还提供了 AI 驱动的预测分析功能，使企业能够基于历史数据和趋势，做出更加精准的业务决策。例如，Einstein AI 可以通过分析历史销售数据和市场趋势，预测未来的销售机会和潜在风险，从而帮助企业提前制定应对策略。

为了进一步提升数据分析的效果，Salesforce 还在探索将 AI 技术应用于实时数据处理和流数据分析。例如，

Einstein AI 可以通过实时监控业务数据，自动识别异常情况和潜在风险，从而帮助企业及时调整业务策略。此外，Salesforce 还提供了移动分析工具，使业务用户能够随时随地访问和分析数据，从而提高数据分析的灵活性和效率。

第四节　Salesforce 在不同行业中的应用案例

一、金融行业

在金融行业中，Salesforce 的云服务和 AI 技术被广泛应用于客户关系管理、风险管理和合规管理。例如，一家全球领先的金融企业通过使用 Salesforce 的销售云和服务云，成功将其客户满意度提高了 15%，并将销售周期缩短了 20%。此外，该金融企业还利用 Einstein AI 平台，实现了智能化的风险管理和合规监控，大大降低了运营风险。具体来说，Einstein AI 能够通过分析历史交易数据和市场趋势，预测潜在的风险事件，并自动生成风险报告，帮助银行提前采取应对措施。同时，Salesforce 的合规管理工具能够实时监控交易活动，确保其符合全球各地的金融监管要求，如 GDPR、MiFID II 等。

在金融行业的应用中，Salesforce 注重数据的安全性和合规性。通过提供严格的数据加密和访问控制，Salesforce 确保了金融数据的安全性和隐私性。例如，Salesforce 采用了 AES-256 加密技术，确保数据在传输和存储过程中的安全性。此外，Salesforce 还提供了丰富的合规管理工具，帮助金融机构满足各种监管要求。例如，Salesforce 的合规中心能够自动生成合规报告，帮助金融机构快速响应监管机构的审计要求。同时，Salesforce 还提供了数据屏蔽和匿名化功能，确保敏感数据在共享和分析过程中不会被泄露。

为了进一步提升客户体验，Salesforce 还提供了多渠道的客户互动平台，使银行能够通过电话、电子邮件、社交媒体等多种方式与客户保持联系。这种无缝的客户互动提高了客户的满意度和忠诚度。此外，Salesforce 的预测分析功能能够帮助金融企业识别高价值客户，并制定有针对性的营销策略，从而提高客户留存率和增加交叉销售机会。

二、零售行业

在零售行业中，Salesforce 的云服务和 AI 技术被用于优化客户体验、提高销售效率和实现个性化营销。例如，一家全球领先的零售企业通过使用 Salesforce 的营销云和商务云，成功将其在线销售额提高了 25%，并将客户转化率提高了 30%。此外，该企业还利用 Einstein AI 平台，实现了智能化的库存管理和个性化推荐，大大提高了运营效率。具体来说，Einstein AI 能够通过分析客户的购买历史和浏览行为，预测其未来的购买需求，并自动生成个性化的产品推荐。同时，Salesforce 的库存管理工具能够实时监控库存水平，自动生成补货订单，确保库存始终处于最佳状态。

在零售行业的应用中，Salesforce 注重用户体验和转化率提升。通过提供个性化的购物体验和智能推荐，Salesforce 能够显著提高用户的购买意愿和转化率。例如，Salesforce

的营销云能够根据客户的购买历史和偏好，自动生成个性化的营销活动，并通过电子邮件、社交媒体等多种渠道进行精准推送。此外，Salesforce 还提供了丰富的分析工具，使零售企业能够实时监控销售数据和用户行为，优化产品定价和促销策略。例如，Salesforce 的商务云能够实时分析销售数据，自动调整产品定价，确保企业在竞争激烈的市场中保持价格优势。

为了进一步提升客户体验，Salesforce 还提供了全渠道的客户互动平台，使零售企业能够通过实体店、网店、移动应用和社交媒体等多种渠道与客户保持联系，从而提高客户满意度。

三、医疗行业

在医疗行业中，Salesforce 的云服务和 AI 技术被用于优化患者管理、提高医疗服务质量和实现个性化医疗。例如，一家全球领先的医疗机构通过使用 Salesforce 的服务云和分析云，成功将其患者满意度提高了 20%，并将医疗服务效率提高了 15%。此外，该机构还利用 Einstein AI 平台，实现了智能化的患者管理和个性化医疗方案，大大提高了医疗服务质量。具体来说，Einstein AI 能够通过分析患者的病历数据和健康指标，预测其未来的健康风险，并自动生成个性化的治疗方案。同时，Salesforce 的患者管理工具能够实时监控患者的健康状况，自动生成健康报告，帮助医生及时调整治疗方案。

在医疗行业的应用中，Salesforce 注重数据的安全性和隐私性。通过提供严格的数据加密和访问控制，Salesforce

确保了医疗数据的安全性和隐私性。例如，Salesforce 采用了 HIPAA 合规的数据加密技术，确保患者的健康数据在传输和存储过程中的安全性。此外，Salesforce 还提供了丰富的患者管理工具，帮助医疗机构优化患者管理流程和提高服务质量。例如，Salesforce 的服务云能够自动生成患者的预约提醒和随访计划，确保患者能够按时接受治疗。同时，Salesforce 的分析云能够实时分析患者的健康数据，帮助医生及时发现潜在的健康风险。

此外，Salesforce 的预测分析功能能够帮助医疗机构识别高风险患者，并制定有针对性的预防措施，从而提高患者的健康水平和医疗服务质量。

四、制造业

在制造业中，Salesforce 的云服务和 AI 技术被用于优化供应链管理、提高生产效率和实现智能化制造。例如，一家全球领先的制造企业通过使用 Salesforce 的销售云和分析云，成功将其供应链效率提高了 20%，并将生产成本降低了 15%。此外，该企业还利用 Einstein AI 平台，实现了智能化的生产调度和质量监控，大大提高了生产效率。具体来说，Einstein AI 能够通过分析生产数据和设备状态，预测设备故障和生产瓶颈，并自动生成生产调度计划，确保生产线始终处于最佳状态。同时，Salesforce 的质量监控工具能够实时监控产品质量，自动生成质量报告，帮助企业及时发现和解决质量问题。

在制造业的应用中，Salesforce 注重数据的整合和分析。通过将生产数据与其他业务数据（如销售、供应链等）进行整合，Salesforce 能够提供全面的生产洞察，帮助制造企业优化生产流程并提高生产效率。例如，Salesforce 的分析云能够实时分析生产数据，自动生成生产报告，帮助企业及时发现生产瓶颈并优化生产流程。此外，Salesforce 还提供了丰富的分析工具，使制造企业能够实时监控生产数据和设备状态，优化生产调度和质量控制。例如，Salesforce 的销售云能够实时分析销售数据，自动调整生产计划，确保企业能够及时响应市场需求。

为了进一步提高生产效率，Salesforce 还提供了全渠道的供应链管理平台，使制造企业能够通过供应商、物流公司和分销商等多种渠道与合作伙伴保持联系。这种无缝的供应链互动不仅提高了供应链效率，还降低了供应链成本。此外，Salesforce 的预测分析功能能够帮助制造企业识别潜在的生产瓶颈和供应链风险，并制定有针对性的应对措施，从而提高生产效率和供应链稳定性。

第五节　Salesforce 的数字化转型成效

一、提升客户满意度

通过使用 Salesforce 的云服务和 AI 技术，企业能够实现更加个性化的、高效的客户互动，从而显著提升客户满意度。例如，一家全球领先的电信企业通过使用 Salesforce 的服务云和 Einstein AI 平台，成功将其客户满意度提高了 25%，并将客户流失率降低了 15%。具体来说，Einstein AI 能够通过分析客户的历史互动数据和反馈，预测客户的需求和潜在问题，并自动生成个性化的解决方案。同时，Salesforce的服务云能够实时监控客户请求的处理进度，确保客户的问题能够及时得到解决。

在提升客户满意度的过程中，Salesforce注重客户体验的个性化和一致性。通过整合多渠道的客户互动数据，Salesforce能够提供统一的客户视图，使企业能够全面了解客户的需求和历史互动记录。例如，Salesforce的服务云能够将客户的电话、电子邮件、社交媒体和在线聊天等多种互动渠道的数据整合到一个平台上，使客服代表能够全面了解客户的需求和历史互动记录。此外，Salesforce还提供了智能路由和分配功能，确保客户请求能够被快速、准确地分配给最合适的客服代表。例如，Salesforce的智能路由功能可以根据客服代表的技能和工作负载，自动分配客户请求，确保客户的问题能够得到快速和准确的解决。

为了进一步提升客户体验，Salesforce还提供了全渠道的客户互动平台，使企业能够通过电话、电子邮件、社交媒体和在线聊天等多种方式与客户保持联系。这种无缝的客户互动有效提高了客户满意度和忠诚度。此外，Salesforce的预测分析功能能够帮助企业识别高价值客户，并制定有针对性的客户保留策略，从而提高客户留存率，降低客户流失率。

二、提高销售效率

Salesforce的销售云和Einstein AI平台可以帮助企业优化销售流程，提高销售团队的效率。例如，一家全球领先的科技企业通过使用Salesforce的销售云和Einstein AI平台，成功将其销售周期缩短了30%，并将销售业绩提高了20%。具体来说，Einstein AI能够通过分析销售数据和市场趋势，预测潜在销售机会，并自动生成销售建议。同时，Salesforce的销售云能够实时监控销售进度，确保销售团队能够及时跟进潜在客户。

在提高销售效率的过程中，Salesforce注重数据的整合和分析。通过将销售数据与其他业务数据（如市场营销、客户服务等）进行整合，Salesforce能够提供全面的销售洞察，帮助企业制定更加精准的销售策略。例如，Salesforce的销售云能够将销售数据与市场营销数据整合到一个平台上，使销售团队能够全面了解潜在客户的需求和历史互动记录。此外，Salesforce还提供了丰富的报表和仪表盘功能，使销售团队能够实时监控销售业绩和趋势。例如，Salesforce的仪表盘功能可以实时显示销售团队的业绩、销售漏斗的状态和潜在客户的跟进情况，帮助销售团队及时调整销售策略。

为了进一步提高销售效率，Salesforce还提供了移动销售工具，使销售团队能够随时随地访问销售数据和客户信息。这种无缝的移动销售体验提高了销售团队的工作效率和灵活性。此外，Salesforce的预测分析功能能够帮助销售团队识别高价值客户，并制定有针对性的销售策略，从而提高销售业绩和客户满意度。

三、优化营销效果

通过使用Salesforce的营销云和Einstein AI平台，企业能够实现精准营销和个性化客户互动，从而显著提高营销效果。例如，一家全球领先的零售企业通过使用Salesforce

的营销云和 Einstein AI 平台，成功将其营销转化率提高了 35%，并将营销成本降低了 20%。具体来说，Einstein AI 能够通过分析客户的购买历史和浏览行为，预测其未来的购买需求，并自动生成个性化的营销活动。同时，Salesforce 的营销云能够实时监控营销活动的效果，确保营销团队能够及时调整营销策略。

在优化营销效果的过程中，Salesforce 注重数据的整合和分析。通过将营销数据与其他业务数据（如销售、客户服务等）进行整合，Salesforce 能够提供全面的营销洞察，帮助企业制定更加精准的营销策略。例如，Salesforce 的营销云能够将营销数据与销售数据整合到一个平台上，使营销团队能够全面了解潜在客户的需求和历史互动记录。此外，Salesforce 还提供了丰富的报表和仪表盘功能，使营销团队能够实时监控营销活动的效果和 ROI。例如，Salesforce 的仪表盘功能可以实时显示营销活动的转化率、客户获取成本和 ROI，有力支持营销团队及时调整营销策略。

为了进一步提升营销效果，Salesforce 还提供了多渠道的营销工具，使营销团队能够通过电子邮件、社交媒体、搜索引擎和移动应用等多种渠道进行精准营销。这种无缝的多渠道营销体验提高了营销效率和客户参与度。此外，Salesforce 的预测分析功能能够帮助营销团队识别高价值客户，并制定有针对性的营销策略，从而提高营销转化率和客户满意度。

四、实现数据驱动的决策

Salesforce 的分析云和 Einstein AI 平台可帮助企业实现

数据驱动的决策，从而提高业务运营效率。例如，一家全球领先的金融机构通过使用Salesforce的分析云和Einstein AI平台，成功将其数据分析效率提高了40%，将决策准确性提高了25%。具体来说，Einstein AI能够通过分析历史数据和市场趋势，预测未来的业务趋势，并自动生成业务建议。同时，Salesforce的分析云能够实时监控业务数据，确保业务团队能够及时调整业务策略。

在数据驱动的决策过程中，Salesforce注重数据的可视化和易用性。通过提供丰富的可视化工具和交互式仪表盘，Salesforce能够帮助业务用户快速理解和分析复杂的数据。例如，Salesforce的仪表盘功能可实时显示业务数据的关键指标、趋势和异常情况，帮助业务团队及时调整业务策略。此外，Salesforce还提供了AI驱动的预测分析功能，使企业能够基于历史数据和趋势，做出更加精准的业务决策。例如，Salesforce的预测分析功能可以通过分析历史销售数据和市场趋势，预测未来的销售机会，并自动生成销售建议。

为了进一步提高数据驱动的决策效率，Salesforce还提供了移动分析工具，使业务团队能够随时随地访问业务数据和报表。这种无缝的移动分析体验提高了业务团队的工作效率和灵活性。此外，Salesforce的预测分析功能可以帮助业务团队识别潜在的业务风险和商业机会，并制定有针对性的业务策略，从而提高业务运营效率和决策的准确性。

第六节　Salesforce 的未来展望

一、持续创新与技术升级

未来，Salesforce 将继续致力于技术创新和产品升级，不断推出新的云服务和 AI 技术，以满足企业不断变化的需求。例如，Salesforce 正在开发更加智能化的 AI 平台，该平台能够实现更加精准的数据分析和预测，帮助企业实现更加智能化的业务运营。具体来说，Salesforce 正在探索将生成式 AI（Generative AI）技术融入其平台，以支持自动化内容生成、智能文档处理和更高级的自然语言处理功能。这将使企业能够更高效地处理客户请求、生成个性化营销内容，并优化业务流程。

在持续创新与技术升级的过程中，Salesforce 注重用户体验和数据易用性。通过不断优化产品的界面和功能，Salesforce 确保用户能够快速上手并高效使用其云服务和 AI 技术。例如，Salesforce 正在开发更加直观的拖放式界面和低代码 / 无代码开发工具，使非技术用户也能轻松构建和定制应用程序。此外，Salesforce 还提供了丰富的培训和支持资源，以帮助企业用户充分利用其产品的各项功能。例如，Salesforce 的 Trailhead 平台提供了大量的在线学习资源，可帮助用户掌握最新的技术和功能。

为了进一步提升用户体验，Salesforce 还在探索增强现实（AR）和虚拟现实（VR）技术的应用，以便实现更加沉浸式的培训和协作体验。例如，Salesforce 的 AR/VR 工具可以帮助销售团队在虚拟环境中进行产品演示，或者帮助客服团队通过虚拟现实模拟客户场景，从而提高培训效果和客户服务质量。此外，Salesforce 还在开发智能助手功能，试图利用自然语言处理技术，帮助用户通过语音命令快速完成复杂任务，进一步提高工作效率。

二、拓展全球市场

Salesforce 将继续拓展全球市场，特别是在新兴市场和发展中国家，通过本地化的产品和服务，帮助更多企业实现数字化转型。例如，Salesforce 正在与当地的合作伙伴合作，不断推出适合当地市场的云服务和 AI 技术，以满足不同地区的需求。具体来说，Salesforce 正在开发支持多语言和多货币的解决方案，以便更好地服务全球客户。此外，Salesforce 还在新兴市场建立数据中心，以确保数据本地化和合规性。

在拓展全球市场的过程中，Salesforce 注重本地化和文化适应性。通过了解不同地区的市场需求和文化差异，Salesforce 力求提供更加契合当地企业需求的产品和服务。例如，Salesforce 在亚洲市场推出了针对中小企业的定制化解决方案，帮助这些企业以较低的成本实现数字化转型。此外，Salesforce 还建立了全球化的支持和服务网络，确保能够为全球客户提供及时、高效的支持。例如，Salesforce 在全球范围内设立了多个客户支持中心，提供 24 小时的多语言支持服务。

为了进一步加速全球市场的拓展，Salesforce 还与当地的教育机构和政府合作，推动数字技能培训和数字化转型政策的实施。例如，Salesforce 与印度的教育机构合作，推出了针对学生的免费培训计划，帮助他们掌握云计算和 AI 技术，从而为未来的就业做好准备。此外，Salesforce 还在非洲和拉丁美洲等地区实施数字普惠计划，通过提供免费或低成本的云服务，帮助中小企业和初创企业实现数字化转型。

三、加强生态系统建设

Salesforce 将继续加强其生态系统建设，通过与更多的合作伙伴和开发者合作，构建更加开放和灵活的云服务平台。例如，Salesforce 正在推出更多的 API 集成工具，使企业能够更加轻松地与其他应用和系统集成，实现更加高效的业务运营。具体来说，Salesforce 的 MuleSoft 平台提供了强大的集成能力，帮助企业无缝连接各种内部和外部系统，实现数据的自由流动和实时分析。

在加强生态系统建设的过程中，Salesforce 注重开放性和协作性。通过提供丰富的 API 集成工具，Salesforce 能够与多种第三方应用和系统无缝连接，形成一个强大的生态系统。例如，Salesforce 的 AppExchange 平台已经汇集了数千个第三方应用程序，涵盖了从市场营销到财务管理的各个领域。此外，Salesforce 还积极推动开发者社区的建设，鼓励开发者创新和分享，共同推动平台发展。例如，Salesforce 每年都会举办全球开发者大会（Dreamforce），为开发者提供学习和交流的机会。

为了进一步丰富生态系统，Salesforce 还在探索与物联网（IoT）平台的集成，以支持智能制造和智慧城市等新兴领域的应用。例如，Salesforce 正在与物联网平台合作，开发能够实时监控设备状态和预测维护需求的解决方案，从而帮助企业降低运营成本和提高生产效率。此外，Salesforce 还在推动与区块链技术的结合，开发去中心化的数据共享和交易平台，以支持供应链金融和数字身份验证等应用场景。

四、推动行业数字化转型

Salesforce 将继续推动各行业的数字化转型，通过提供行业特定的解决方案，帮助不同行业的企业实现智能化运营。例如，Salesforce 正在开发针对金融、零售、医疗、制造等行业的特定云服务和 AI 技术，以满足不同行业的特殊需求。具体来说，Salesforce 的金融服务云（Financial Services Cloud）提供了专门为银行和保险公司设计的工具，帮助他们更好地管理客户关系和保证合规性。而在医疗行业，Salesforce 的健康云（Health Cloud）则专注于患者管理和个性化医疗方案的实现。

在推动行业数字化转型的过程中，Salesforce 注重行业洞察和定制化解决方案。通过深入了解不同行业的业务流程和需求，Salesforce 能够提供更加契合行业特点的产品和服务。例如，Salesforce 的制造云（Manufacturing Cloud）提供了专门为制造企业设计的工具，帮助他们优化供应链管理和生产调度。此外，Salesforce 还与行业领先企业合作，共同开发行业最佳实践和解决方案，推动整个行业的数字化转型。例如，Salesforce 与沃尔玛合作，开发了针对零售行业的智能库存管理和个性化推荐解决方案。

为了进一步加快行业数字化转型，Salesforce 还在探索区块链技术的应用，以支持供应链透明化和确保数据安全。例如，Salesforce 正在开发基于区块链的供应链管理工具，帮助企业实时跟踪产品从生产到交付的全过程，从而提高供应链的透明度和效率。此外，Salesforce 还在与行业协会和政府机构合作，推动行业标准的制定和数字化转型政策的实施，从而为整个行业的数字化转型创造良好的环境。例如，Salesforce 与世界医疗健康管理协会合作，开发了基于区块链的患者数据共享平台，确保医疗数据的安全性和可操作性，从而推动医疗行业的数字化转型。

五、结论

Salesforce 通过其强大的云服务和 AI 技术，帮助企业实现了从传统运营模式向数字化、智能化模式的转变。通过优化客户互动、提高销售效率、实现精准营销和数据驱动决策，Salesforce 不仅提升了企业的运营效率和客户满意度，还推动了各行业的数字化转型。未来，Salesforce 将继续致力于技术创新和全球市场拓展，帮助更多企业实现数字化转型，迎接数字化时代的挑战和机遇。

第七节　Salesforce 对于中国科技型企业的借鉴意义

Salesforce 作为全球领先的客户关系管理（CRM）和云计算服务提供商，其成功经验对中国科技型企业具有重要的借鉴意义。中国科技型企业在快速发展的过程中，面临着数字化转型、客户关系管理、数据驱动决策等多方面的挑战。通过借鉴Salesforce的经验，中国企业可以更好地应对这些挑战，实现可持续增长。

一、中国科技型企业的现状

（一）持续扩大的市场规模

中国科技型企业近年来发展迅速，尤其是在互联网、人工智能、云计算、大数据等领域取得了显著成就。以阿里巴巴、腾讯、华为、字节跳动等为代表的企业在全球范围内具有重要影响力。这些企业在技术创新、商业模式创新和市场拓展方面表现突出。

1. 互联网领域的领先地位

中国的互联网企业，如阿里巴巴和腾讯等，不仅在国内市场占据主导地位，而且在全球范围内拓展业务。阿里巴巴的电子商务平台和腾讯的社交媒体及游戏业务已经成为全球数字经济的重要组成部分。

2. 人工智能的快速发展

中国在人工智能领域的研究和应用处于全球领先水平。百度、商汤科技、旷视科技等企业在计算机视觉、自然语言处理和自动驾驶等领域取得了重要突破。

3. 云计算与大数据的崛起

华为云、阿里云和腾讯云等企业在全球云计算市场中占据重要份额，为企业和政府提供了强大的计算和存储能力。同时，大数据技术的应用也在金融、医疗、零售等行业中发挥了重要作用。

这些成就不仅推动了中国经济的快速增长，也为全球科技进步做出了重要贡献。然而，随着市场规模的扩大，企业也面临着更加激烈的市场竞争和更高的客户期望，这要求企业在技术创新和商业模式上不断取得突破。

（二）数字化转型的迫切需求

随着数字经济的快速发展，中国科技型企业对数字化转型的需求日益迫切。企业需要通过数字化手段优化业务流程、提高运营效率、改善客户体验，并在激烈的市场竞争中保持优势。

1. 业务流程的优化

传统的业务流程往往依赖于手工操作和分散的系统，导致效率低下和错误率较高。通过数字化转型，企业可以实现业务流程的自动化和标准化，从而提高效率和准确性。例如，制造业企业可以通过物联网（IoT）技术实现生产线的智能化管理，实时监控设备状态和生产进度。

2. 运营效率的提高

数字化转型可以帮助企业实现资源的优化配置和高效利用。例如，通过大数据分析，企业可以更好地预测市场需求，优化库存管理，减少资源浪费。

3. 客户体验的改善

在数字经济时代，客户体验成为企业竞争的关键因素。通过数字化手段，企业可以实现与客户的实时互动，并为客户提供个性化的产品和服务，从而提升客户满意度和忠诚度。例如，零售企业可以通过人工智能技术分析客户的购买行为，提供个性化的产品推荐和促销活动。

然而，数字化转型并非一蹴而就的事，企业在转型过程中面临着技术、人才和文化等多方面的挑战。如何有效地推进数字化转型，成为企业管理者需要解决的重要问题。

（三）政策支持与市场机遇

中国政府对科技创新的高度重视为科技型企业提供了良好的政策环境。例如，“新基建”政策的推进为5G、人工智能、大数据中心等领域的发展提供了巨大的机遇。同时，国内庞大的市场规模也为企业提供了广阔的发展空间。

1.“新基建”政策的推动

中国政府提出的“新基建”政策，旨在通过投资5G、人工智能、工业互联网、大数据中心等领域，推动经济的数字化转型。这一政策为科技型企业提供了巨大的市场机遇。例如，5G基站的建设和应用，为物联网、自动驾驶和智慧城市等领域的发展提供了基础支持。

2. 庞大的市场规模

中国拥有全球最大的互联网用户群体和快速增长的消费市场，这为科技型企业提供了广阔的发展空间。例如，电子商务、在线教育和数字支付等领域的快速发展，主要得益于庞大的市场需求。

3. 国际合作与竞争

随着中国科技企业国际化进程的加快，中国企业不仅在国内市场占据重要地位，还在全球范围内与跨国企业展开竞争。例如，华为在5G技术和设备领域的领先地位，使其成为全球通信市场的重要参与者。

然而，在获得政策支持和市场机遇的同时也伴随着挑战，企业需要在快速变化的市场环境中保持创新能力，同时应对国际竞争和贸易摩擦带来的不确定性。

二、中国科技型企业面临的问题

（一）客户关系管理能力不足

一些科技型企业在客户关系管理方面仍处于初级阶段，缺乏系统化的 CRM 工具和策略。客户数据分散、客户体验不一致、销售流程低效等问题普遍存在。

1. 客户数据分散

许多企业的客户数据分散在不同的系统和部门中，缺乏统一的客户视图。例如，销售部门可能使用独立的 CRM 系统，而客户服务部门则依赖另一套工具，导致数据无法共享和整合。这种数据孤岛现象使得企业难以全面了解客户需求和行为模式，影响了客户关系的深度维护。

2. 客户体验不一致

由于缺乏统一的客户管理平台，企业在与客户互动的过程中往往无法提供一致的体验。例如，客户在购买产品后可能会收到重复或不相关的营销信息，导致客户满意度下降。此外，跨渠道的客户互动（如线上与线下）也缺乏协同，进一步加剧了客户体验的碎片化。

3. 销售流程低效

许多企业的销售流程仍然依赖手工操作和传统的管理方式，导致效率低下。例如，销售代表可能需要手动记录客户信息和跟进进度，这不仅增加了工作量，还容易出错。缺乏自动化的销售工具和智能化的销售预测功能，使得销售团队难以快速响应市场变化和客户需求。

这些问题不仅影响了客户的满意度和忠诚度，还影响了企业在市场竞争中的表现。因此，如何构建系统化的 CRM 体系，提升客户关系管理能力，成为中国科技型企业亟须解决的问题。

（二）数据整合与分析能力薄弱

尽管中国企业在数据收集方面取得了显著成绩，但在数据整合、分析和应用方面仍存在不足。许多企业缺乏有效的数据分析工具和平台，难以从海量数据中提取有价值的洞察。

1. 数据整合困难

企业的数据通常分散在不同的业务系统和部门中，缺乏统一的数据管理平台。例如，财务数据、销售数据和客户数据可能分别存储在不同的数据库中，导致数据整合困难。这种数据孤岛现象使得企业难以实现数据的全面分析和利用。

2. 数据分析能力不足

许多企业缺乏先进的数据分析工具和技术，无法对海量数据进行深度挖掘和分析。例如，企业可能只能进行简单的数据统计和报表生成，而无法实现复杂的数据建模和预测分析。这种数据分析能力上的不足，限制了企业在市场趋势预测、客户行为分析和业务决策优化方面的表现。

3. 数据应用场景有限

即使企业能够收集和整合数据，在数据应用方面仍存在局限性。例如，许多企业未能将数据分析结果有效地应用于业务决策和运营优化，导致数据的价值未能得到充分发挥。此外，数据安全和隐私问题也限制了数据的广泛应用。

数据整合与分析能力薄弱，使得企业难以在快速变化的市场环境中做出精准的决策。因此，提升数据整合与分析能力成为企业数字化转型的关键任务。

（三）生态系统建设不完善

与 Salesforce 的强大生态系统相比，中国科技型企业在合作伙伴网络和开发者社区建设方面仍有较大差距。企业之间的协作和资源共享不足，限制了创新能力的提升。

1. 合作伙伴网络不健全

许多企业缺乏完善的合作伙伴网络，难以与其他企业形成协同效应。例如，企业在开发新产品或服务时，往往需要依赖自身的资源和能力，而无法充分利用外部合作伙伴的专业知识和资源。这种封闭的生态系统限制了企业的创新能力和市场竞争力。

2. 开发者社区建设滞后

与 Salesforce 的 AppExchange 平台相比，中国科技型企业在开发者社区建设方面仍处于起步阶段。许多企业未能提供丰富的 API 开发工具，因此无法吸引第三方开发者和合作伙伴参与平台建设。开发者社区建设滞后，限制了企业生态系统的扩展和创新能力的提升。

3. 资源共享不足

企业之间的资源共享和协作机制不完善，导致资源浪费和重复建设。例如，不同企业可能在相似的技术领域进行独立研发，而未能通过合作实现资源共享和技术互补。资源共享不足限制了整个行业的创新效率和发展速度。

生态系统建设不完善，使得企业难以在快速变化的市场环境中保持竞争优势。因此，如何构建开放的生态系统，吸引合作伙伴和开发者参与，成为企业未来发展的重要方向。

（四）国际化挑战

中国科技型企业在国际化进程中面临文化差异、市场准入、数据合规等多重挑战。如何在全球范围内提供一致的高质量服务，是中国企业需要解决的重要问题。

1. 文化差异与本地化需求

不同国家和地区的文化差异对企业的产品和服务提出了不同的要求。例如，企业在进入欧美市场时，需要适应当地的消费习惯和文化偏好，而在东南亚市场则需要考虑语言和宗教等因素。这种文化差异使得企业在国际化过程中需要进行大量的本地化调整，增加了运营的复杂性。

2. 市场准入与政策限制

许多国家和地区对科技企业的市场准入设置了严格的限制。例如，数据隐私法规（如欧盟的GDPR）要求企业在处理用户数据时必须遵守严格的规定，否则将面临高额罚款。此外，一些国家对本土企业的保护政策也限制了中国企业的市场拓展。

3. 数据合规与安全问题

在国际化过程中，企业需要遵守不同国家和地区的数据隐私和合规要求。例如，企业在处理跨境数据时，需要确保数据的安全性和合规性，避免数据泄露和违规操作。

这种数据合规的挑战，要求企业在技术和管理层面进行全面的升级和调整。

国际化挑战不仅考验企业的技术能力和管理水平，还对其战略规划和执行能力提出了更高的要求。因此，如何在全球范围内提供一致的高质量服务，成为中国科技型企业国际化过程中需要解决的核心问题。

三、中国科技型企业的数字化发展路径

（一）借鉴 Salesforce 的客户关系管理经验

中国企业在推进数字化转型的过程中，可以深入学习和借鉴 Salesforce 的成功经验，特别是其在客户关系管理（CRM）领域的创新实践。Salesforce 的销售云、服务云和营销云为全球企业提供了强大的客户关系管理解决方案。中国企业可以基于此构建符合自身业务需求的智能化 CRM 系统。这一系统应能够实现客户数据的全面整合与深度分析，帮助企业精准描绘客户画像，预测客户行为，从而有效提升客户体验和销售效率。

在智能化 CRM 系统的基础上，中国企业应充分利用 AI 技术，如自然语言处理（NLP）技术和机器学习（ML）技术，实现客户互动的个性化。通过智能客服、聊天机器人等工具，企业可以与客户进行更加自然、流畅的沟通，并提供定制化的产品和服务建议。这种个性化的客户体验不仅能够提高客户的满意度和忠诚度，还能为企业带来更高的转化率和利润率。

（二）加强数据整合与分析能力

借鉴 Salesforce 的分析云，中国企业应构建统一的数据平台，实现跨业务系统的数据整合。这一平台应具备强大的数据处理能力，能够实时收集、清洗、整合来自不同业务系统的数据，为企业管理者提供全面、准确的数据支持。同时，平台还应提供丰富的数据可视化工具，帮助管理者快速理解数据背后的含义，发现潜在的业务机会。

在统一数据平台的基础上，中国企业应积极推动数据驱动的决策模式。借助 AI 驱动的分析功能，企业可以对海量数据进行深度挖掘和智能分析，发现数据之间的关联性和规律性，为业务决策提供更加精准、科学的依据。此外，企业还应培养数据文化，鼓励员工在日常工作中主动运用数据进行分析和决策，提升企业的整体竞争力。

（三）构建开放的生态系统

中国企业应借鉴 Salesforce 的 AppExchange 平台运营经验，构建开放的生态系统，吸引第三方开发者和合作伙伴共同开发行业解决方案。通过提供丰富的 API 接口和开发工具，企业可以鼓励开发者基于自身平台进行二次开发和创新，形成丰富的应用生态。同时，企业还应积极与合作伙伴建立战略合作关系，共同拓展市场、分享资源，最终提升竞争力。

为了促进生态系统的繁荣，中国企业应高度重视开发者社区的建设和发展。通过举办开发者大会、技术沙龙等活动，企业可以吸引更多的开发者加入社区，分享技术心得和最佳实践。同时，企业还应为开发者提供充足的技术支持和培训资源，帮助他们不断提升技术水平，为生态系统的持续发展贡献力量。

（四）提升国际化能力

在国际化过程中，中国企业应借鉴 Salesforce 的全球市场拓展经验，注重本地化策略的实施。这包括根据目标市场的需求和文化特点，提供定制化的产品和服务，以及建立本地化的营销和服务团队，更好地满足客户的本地化需求。通过本地化策略的实施，企业可以更加深入地融入目标市场，提升品牌知名度和市场占有率。

在国际化过程中，数据合规性是一个不容忽视的问题。中国企业应严格遵守目标市场的数据隐私和合规要求，如欧盟的《通用数据保护条例》（GDPR）等。这包括加强数据安全管理、建立数据保护机制、确保数据跨境传输的合法性和安全性等。通过确保数据合规性，企业可以树立良好的品牌形象，赢得客户的信任和支持。

（五）推动行业数字化转型

借鉴 Salesforce 的行业云（如金融服务云、健康云）的成功经验，中国企业可以针对金融、零售、制造、医疗等行业开发定制化的数字化解决方案。这些解决方案应能够充分考虑行业的特殊需求和业务流程，提供高效、便捷、安全的数字化服务。通过开发和推广行业特定的解决方案，企业可以更加深入地了解行业需求和痛点，为行业的数字化转型提供有力的支持。

为了推动整个行业的数字化转型，中国企业还应积极参与行业标准的制定和数字化转型政策的实施。通过与行业协会、政府机构等合作，企业可以共同制定行业标准和规范，推动行业技术的创新和发展。同时，企业还应积极参与政府数字化转型政策的制定和实施，为政策的落地提供技术支持和咨询服务。通过推动行业标准的制定和政策的实施，企业可以为整个行业的数字化转型创造良好的环境和条件。

中国科技型企业在快速发展的过程中，也面临着客户关系管理能力不足、数据整合与分析能力薄弱、生态系统建设不完善和国际化挑战等多方面的问题。这些问题不仅影响了企业的市场竞争力和创新能力，还限制了企业在全球范围内的扩张和影响力。通过借鉴 Salesforce 等国际领先企业的经验，中国企业可以在客户关系管理、数据整合与分析、生态系统建设和国际化能力提升等方面不断努力，实现突破，从而在数字经济时代保持竞争优势。同时，企业需要结合自身的特点和技术优势，探索适合自身发展的数字化路径，努力实现可持续增长。

参考文献

一、中文参考文献

［1］张礼立 . 智能制造创新与转型之路［M］. 北京：机械工业出版社，2017.

［2］吴晓波 . 转型之战：Made in China 再出发［M］. 北京：中国友谊出版公司，2016.

［3］汉斯 · 库尔（Hans Kull）. 智慧工厂：大规模定制带给制造者的机遇、方法和挑战［M］. 潘苏悦，译 . 北京：机械工业出版社，2015.

［4］赵国栋 . 数字生态论：数字重组产业，生态融合经济［M］. 杭州：浙江人民出版社，2018.

［5］安筱鹏 . 重构：数字化转型的逻辑［M］. 北京：电子工业出版社，2019.

［6］李杰（Jay Lee），倪军，王安正，等 . 从大数据到智能制造［M］. 上海：上海交通大学出版社，2016.

［7］许正 . 工业互联网：互联网 + 时代的产业转型［M］. 北京：机械工业出版社，2015.

［8］马化腾，孟昭莉，闫德利，等著 . 数字经济：中国创新增长新动能［M］. 北京：中信出版集团，2017.

［9］尾木藏人．工业 4.0：第四次工业革命全景图［M］．王喜文，译．北京：人民邮电出版社，2017.

［10］刘士军，鹿旭东，崔立真．数据化企业致胜之道：数据驱动的创新［M］．北京：电子工业出版社，2017.

［11］冯国华，尹靖，伍斌．数字化：引领人工智能时代的商业革命［M］．北京：清华大学出版社，2019.

［12］蔡勤东．大数据时代：企业借助互联网成功转型升级［M］．北京：中国财富出版社，2015.

［13］闫爱明．互联网 +：数字化颠覆工业时代［M］．北京：经济管理出版社，2016.

［14］赵兴峰．数字蝶变：企业数字化转型之道［M］．北京：电子工业出版社，2019.

［15］中国科学院科技战略咨询研究院课题组．产业数字化转型：战略与实践［M］．北京：机械工业出版社，2020.

［16］涂扬举．智慧企业概论［M］．北京：科学出版社，2019.

［17］王兴山．数字化转型中的企业进化［M］．北京：电子工业出版社，2019.

二、英文参考文献

［1］Benioff M，Adler C. Behind the Cloud：The Untold Story of How Salesforce.com Went from Idea to Billion-Dollar Company-and Revolutionized an Industry［M］.San Francisco：Jossey-Bass，2009.

［2］Cusumano M A. Staying Power：Six Enduring Principles

for Managing Strategy and Innovation in an Uncertain World [M]. Oxford: Oxford University Press, 2010.

[3] McAfee A, Brynjolfsson E. Machine, Platform, Crowd: Harnessing Our Digital Future [M] . New York: W.W. Norton & Company, 2017.

[4] Armbrust M, et al. A View of Cloud Computing [J] . Communications of the ACM, 2010, 53 (4): 50–58.

[5] Marston S, Li Z, Bandyopadhyay S. Cloud Computing–The Business Perspective [J] . Decision Support Systems, 2011, 51 (1): 176–189.

[6] Iyer B, Henderson J C. Preparing for the Future: Understanding the Seven Capabilities of Cloud Computing [J] . MIS Quarterly Executive, 2012, 11 (2): 57–69.